无限可能

李海峰 潘璆 ◎ 主编

广东经济出版社
·广州·

图书在版编目（CIP）数据

无限可能 / 李海峰，潘璆主编 . —广州：广东经济出版社，2025.1. — ISBN 978-7-5454-9601-7

Ⅰ．F241.4

中国国家版本馆CIP数据核字第20254NP919号

责任编辑：郭艳军　周伊凌　许　璐
责任校对：向秋萍　朱敏红
责任技编：陆俊帆
封面设计：沐云 BOOK DESIGN QQ:2287215891

无限可能
WUXIAN KENENG

出　版　人：	刘卫平
出版发行：	广东经济出版社（广州市水荫路11号11～12楼）
印　　　刷：	广东鹏腾宇文化创新有限公司
	（珠海市高新区唐家湾镇科技九路88号10栋）

开　本：880mm×1230mm　1/32	印　张：8.75
版　次：2025年1月第1版	印　次：2025年1月第1次
书　号：ISBN 978-7-5454-9601-7	字　数：213千字
定　价：66.00元	

发行电话：（020）87393830
广东经济出版社常年法律顾问：胡志海律师
如发现印装质量问题，请与本社联系，本社负责调换
版权所有·侵权必究

前言

世界是个舞台。

有人无意识地做着背景板，有人则努力当个好演员，还有人选择做编剧，有人选择做导演，当然也有人选择静静当观众，甚至早早地离场。

幸福的人能拥抱无限可能。

有人探索足够多的未知领域，保持创新，感知无限可能；有人历经足够多的挑战磨砺，突破边界，触碰无限可能；有人结识足够多的非凡人物，立下大志，开启无限可能；有人探索足够多的思维路径，洞察本质，解锁无限可能。

《无限可能》是照亮前路的明灯。

作为本书的出品人，我希望这本合集，不仅仅是一本记录成功的书籍，更是一本关于坚持、创新与突破的指南。它没有停留在表面的成功故事叙述上，而是深入探讨了故事背后的思维模式和价值观念。**《无限可能》兼具综合性和实用性。**

2 无限可能

你打开这本书，等于有 35 位联合作者在你面前娓娓道来。我请你和我一样，**每读完一篇，就用自己的语言提炼出关键点，并作为自己思考的切入点**。我们把每位作者的微信二维码都放在书中，你可以加他们分享自己的学习心得。这样，无论是知识的获取，还是社交的需求，都有机会得到满足。

苏志是硕博劝退导师、学术避雷专家、人生定位研究员。她告诉怀疑自我的读者，生活是一段精彩的旅程，我们每个人都是自己故事的主角，要勇敢地迈出每一步，创造出属于自己的精彩人生。

徐伟是情绪内耗自我疗愈指导师、"悟百种业跨各种界"多维融合战略设计师、哲学智慧应用普通生活的推动者。他告诉情绪内耗的读者，情绪内耗不一定会影响到别人，但肯定会伤害自己和身边真正爱自己的人，为此他提供了一套情绪自我疗愈的方法。

麦署基是个人成长模型倡导者、走出无意义感和焦虑的践行者、养"基"达人。他告诉在寻找人生意义的读者，人生意义是每个人自己赋予或创造的，通过负责任的行动参与生活，可以发现活着本身就是意义。

可乐（Kelsey）是什么都好奇的"劈叉"博士、中医哲学实践者、康养闭环探索者。她告诉每个和自己经历有相似之处的读者，一定要保持热爱、好奇，活出不后悔的人生。

潘俊曾是某外企亿元销售冠军团队负责人,现在是企业数字化赛道创业者、性格色彩卡牌实战导师。他告诉追求提高销售能力的读者,通过卡牌游戏可以提升自我认知能力、改善家庭关系和亲密关系、增强客户识别能力以及提升团队管理效能。

晓雅(叶颖玲)是世界500强企业的财务总监、女性个人品牌资深玩家、老板的Wed3大学联合创始人。她告诉每个和自己经历有相似之处的读者,不要放弃自己,要选择一条自我救赎的道路,用爱与智慧点亮生命的光芒。

蔡镁青是灵韵静心冥想主理人、催眠疗愈师、激发孩子学习动力讲师。她告诉经历过恐惧创伤的读者,爱是疗愈一切的答案,当心中装满爱时,世界便会五彩斑斓。

贺文华是学商训练创建者、元催眠技术构建人、优势育才导师。他告诉渴望蜕变的读者,真正的蜕变是灵魂深处的觉醒与升华,探索无限可能的秘诀在于挣脱束缚,重获自由。

张芳是国家级心理咨询师、高级婚姻情感咨询师、资深家庭教育指导师。她告诉迷茫的读者,要带着觉察意识,觉察自己的情绪、认知和行为,慢慢重构思维方式,提升认知,重塑行为模式。

郑卡飞是国家二级心理咨询师、高级家庭教育指导师、幸福成长陪跑师。她告诉寻求成长的读者，不轻易去定义自己的人生，也不要被他人定义，成长的力量就在于我们可以为自己的人生负责。

大秦总是中医皮肤护理专家、修心面部瑜伽创始人、中国东方文化研究会美育委员会面部瑜珈高级教练。她告诉追求内外兼修的读者，女性的美永远来自坚韧、乐观、自信与内外兼修，自然美的真正含义是修炼内心的宁静与和谐。

吴慧是养育星球联合创始人、思辨情商开创者、亲子情商训练师导师。她告诉有"反骨"的读者，战胜自我的法宝就是使命感，而使命感的来源可能就是心里的痛被触及以及自己有能力做某事。

陈桂旭是深圳壹澄科技有限公司创始人、人工智能人机交互深耕者，致力于帮助打造数字化个人IP，协助企业通过人工智能降本增效。他告诉创业者，创业是一种信仰，每一次蜕变都是让自己重新认识自己，了解自己，成为更好的自己。

吴亚朋是深圳搜豹数字科技有限公司创始人，具有16年互联网行业软件开发经验，致力于帮助企业实现数字化转型。他告诉创业者，创业不仅仅是为了赚钱，更是为了做出优秀的产品，赢得市场的认可。

詹欣圳是引力计划创始人、高端商业IP私教、百万发售IP操盘手。他告诉创业者和操盘手,建立长远平等共赢的伙伴关系需要理解和信任,找到那个与你并肩前行的伙伴,哪怕一起犯错,也要一起成长。

张国军是某知名阿胶品牌创立者,创立了国内排行前列的滋补品品牌,致力于打造地道的滋补品。他告诉创业者,信念改变,结果就会改变,无论做过什么,都是人生最宝贵的经历。

周冽是活出青春、美丽、无极限生命的女人,身心灵领域的实践者和引路人,致力于帮助女性活出幸福快乐。她告诉女性读者,每个人都是一只漂亮的蝴蝶,拥有无限的潜能,要穿越黑暗,看见那个闪闪发亮的自己。

笔亲滴滴是儿童性教育专业讲师、家庭全面性教育指导师、她行女性主义组织发起人。她告诉女性读者,做专业的事,成为专业的人,创造属于30岁的无限可能。

戴文静是名校海归、多年创业者、二胎宝妈、时尚捕手、以目标感为内驱力的持续践行者。她告诉追求自我实现的读者,我们的人生充满了无限可能,只要你有目标,并全力以赴赋予行动,收获的一定是酣畅淋漓的人生。

黎文是《金句之书》推荐官、中医视力养护者、五行经络养生顾问。她告诉读者，内外兼修，健康无忧，健康是人生的第一财富，而中医养生则是守护健康的重要手段。

黎泳谊是珠海市花卉行业协会副会长、广东省园林学会插花艺术专业委员会会员、美国花艺设计学院（AFA）认证专业花艺师。她告诉爱花的读者，与大自然保持和谐关系，懂得去享受山水之乐、摆脱眼前局限的纠缠，会获得更为广阔的格局和人生体验。

梁秀喜是全服管理咨询创始人、健康纳税倡导者、马拉松爱好者。她告诉未来的自己，每一个平凡的灵魂来到这个世界上都是那么有意义，要全力以赴追求梦想。

梦希是组织与人才发展教练、盖洛普优势教练、国家认证职业生涯规划师。她告诉追求自我实现的读者，生命之美在于无限可能，要活出无限可能的自己，找到自己的优势，走出自己的路。

汤宜蓁是珠海启智托管创始人，高级家庭教育指导师、学业规划师，小学一级语文教师，深耕教育教学行业30多年。她告诉教育工作者，教育、热爱、坚持的力量足以改变一个孩子的命运，让其人生重新焕发光彩。

郑雅是澳门亲子财商作家、某金融保险集团财富管理总监、身心灵成长导师及人生教练。她告诉追求幸福的读者，幸福不是由我们所拥有或不拥有的东西决定的，要在每一个瞬间都感到幸福。

周红霞是珠海高校教师、女性公益组织负责人、珠海妇女发展研究会会长。她告诉女性公益同行者，以感恩之心回馈社会，以奉献之情温暖他人，一路学习成长，在公益路上看见众生和照见自己。

Lily千百合是畅销书出品人、独立投资人、AI赋能共创者，用智慧与行动共创自由人生，携手有梦想、有行动的人，共创更多可能——从畅销书到全球旅行，从边玩边赚到超级个体，一起实现健康自由、财富自由与时间自由。

卓然是超级个体IP创业者、三一书苑联合创始人、卓然心理与双语创始人，《金句之书》推荐官、亲子阅读教练。她告诉所有女性读者，超过40岁的女性的成长历程是一个不断学习、不断成长、不断重塑自我的过程，无论年龄如何增长，女性都拥有无限的潜力和可能。

蒋思瑶是瑶妃教育主理人、女性能量IP导师、私人心理顾问。她告诉迷茫的读者，只要心中有爱、善良与坚韧，就能战胜困难，迎来美好未来，只有扛住涅槃之痛，才能得到重生之美。

龙妈是相随心理研习社创始人、中科智域（厦门）人工智能研究院院长、知识变现创富教练。他告诉想要改变自己的读者，觉察是改变的第一步，遇到你想做的事，请大胆去尝试，不要害怕走弯路。

黄露从事医药营销12年，同时是生涯发展咨询师、心理学爱好者、超级个体转型践行者。她告诉医药行业的同行者，他们所从事的职业、所做的事情是专业的，是对这个社会有价值的。

李耀是多本畅销书合著者、中高端客户财务风险管理定制专家、保险生态构建领航者。他告诉职场新人，困难和挑战都是成长的必经之路，它们能让自己不断学习和进步，逐渐掌握行业精髓。

栗掌门是创始人IP全域陪跑顾问、私域裂变发售全案操盘手，曾任某互联网公司总经理。她告诉传媒行业从业者，在这个新时代，每个人都可以成为传播者，每个人都可以影响世界，要对未来充满信心。

雅伟是名校博士、畅销书《读点金句》合著者、红英读书会联合发起人。她告诉追求梦想的读者，只有持之以恒，以书为舟，以梦为帆，破浪前行，才能最终抵达那个梦寐以求的彼岸。

阿蔡是杭州市创业导师、创富教练、中小学学业规划师。他告诉创业者，不要停止学习和探索，要用时间、用经历证明什么是真正的奋斗和坚持。

我喜欢听不同人讲自己的生命故事。

这样的故事用文字沉淀下来,避免了晦涩难懂的专业术语堆砌,使得各个层次的读者都能够轻松理解其中的精髓。这些作者巧妙地运用生动的描写和形象的比喻,将复杂的商业概念和奋斗过程形象化,让读者身临其境般地感受着主角们的喜怒哀乐。

我希望这些故事被更多人听到看到。

我也希望这些作者更多地被看到。他们可能如你我一样平凡,但绝不平庸。写下这些故事对于这些作者而言,一方面是沉淀和整理自己,一方面是启发和激励他人。同时我还在书中附上了作者的微信二维码,创造读者和作者直接交流的可能,这些作者也能找到更多自己的准客户或共鸣者。

仰观天宇,时空更加深邃;俯身耕耘,未来无限可能。

李海峰

独立投资人

畅销书出品人

贵友联盟主理人

DISC+ 社群联合创始人

2024 年 11 月 27 日

序言

从素人到主编，探索无限可能的自己

亲爱的读者朋友，你好！

我是潘可能，"可能女人"品牌的创始人，也是《无限可能》一书的主编之一。此刻，这本书与你相遇，冥冥中是一种因缘际会，书中的每一个故事、每一段文字，都是因不同的经历而汇聚在一起的心声。愿这些文字带给你一份温暖，触动你内心深处的共鸣。

认识我的人都知道，我从小便怀揣一个作家梦。每一篇日记、每一段文字，都是我与这个世界对话的一种方式。然而，即便积累了近百万字，真正要迈出成为"作家"的那一步时，我却感到深深的局促与不安。身为素人，缺乏知名度、资源与信心，我始终徘徊不前。我担心自己的文字无人问津，甚至被人误解。哪怕身边的朋友多次鼓励我出书，但我始终无法打破那道"等到完美"的心理屏障。时间长了，都开始自我怀疑，感觉这个"作家梦"有些遥不可及了。

幸运的是，你若念念不忘，世界必有回响……

2023年底，我遇见了我的贵人——畅销书出品人李海峰老师。和高手过招，我才发现自己和高手之间的巨大鸿沟。想都是问题，做才有答案。海峰老师告诉我："不要等到自己很厉害才出书，而要通过出书让自己变得很厉害。"这句话让我豁然开朗。永远没有100%的准备，只有100%的遗憾。我们总是不小心陷入完美主义陷阱，其实应该先完成、再完美。于是，我鼓起勇气，加入了李海峰老师发起的联合出书计划，迈出了追梦的第一步。

出书的过程远比想象中更有意义。从初始的犹豫不决，到不断自我调整，再到逐渐熟悉这个过程，我发现自己不仅在文字上不断进步，更在内心深处产生笃定的力量。从素人到联合作者，再到主编，短短一年时间，我的身份在不断改变，奇妙的是，我内心谜一样的自信也在悄然增长。

这一年前后我参与了三本畅销书的出版，它们是《友者生存2：世界和我爱着你》《追风少年：挥洒青春的活力》《金句之书》。每本书的诞生都像"开盲盒"一样，都是一段全新的旅程，让我充满了幸福和喜悦。我从一个普通的写作爱好者，成长为一名拥有更大责任感的创作者，而且逐渐进入一种"心流"的状态，这算是意外之喜和生命对我的馈赠。

《无限可能》是我参与出版的第四本书，但这一次，我不再只是一个作者，而是担任主编的角色。作为主编，我不仅要照顾好每个故事，更要赋予它们新的价值。每个文字的碰撞，每个故事的交融，都让我看到了自己与他人生命中的无限可能。担任主编是一个全新的体验，让我不仅关注自己的成长，更用心呵护每个合著者的梦想。

一路走来，我深刻地意识到，每个人都可以活出更高版本的自己。只要敢于追寻、敢于尝试，我们每个人的故事都值得被聆听，每个人的生命都值得被看见。无论你是否是一名作家，无论你处于人生的哪个阶段，只要你内心有梦想，就有无数可能等着你去揭晓。

可以说，《无限可能》不仅是我个人成长的见证，也是35位合著者勇敢逐梦的记录。每个故事，都是一次自我挑战，都是对生命独特意义的追寻。它们告诉我们：迈出那一步，拥抱不完美，便能在未知中找到属于自己的天地。

我希望我的故事能为你带来一丝温暖与力量，愿它成为你追梦路上的一盏明灯，激励你勇敢前行。生命有无限可能，而你也终将找到属于自己的光芒。

最后，特别感谢李海峰老师的托举，让我的内在变得更加富足，也要感谢参与这本书的每一位作者朋友，更要感谢一直默默支持我的家人们。因为有你们，才让一切美好正在发生，成为可能。

爱你们，也深爱着这个世界。

潘可能（潘璆）

2024 年 11 月 27 日

目录

人生无界：一个普通中年妇女寻找和建立"真我"的通关之路
苏 志 001

情绪管理——情绪内耗的自我疗愈指南
徐 伟 009

黄亦玫找到了人生意义，你呢？
麦罢基 018

写给十年后的可乐
可乐（Kelsey） 027

3分钟卡牌游戏让你的销售能力增长3倍
潘 俊 035

心灵之旅：从迷茫到自我救赎，用爱与智慧点亮生命的光芒
晓雅（叶颖玲） 044

2 无限可能

恐惧创伤，爱的疗愈 蔡镁青	052
蜕变之旅：探索无限可能的秘诀 贺文华	058
穿越恐惧，活出自我 张　芳	067
成长的力量 郑卡飞	074
黄河之畔，修心之路 大秦总	081
"反骨"女孩的人生三件事 吴　慧	088
创业是一种信仰 陈桂旭	096
从小山村到深圳：一名程序员的奋斗与创业之路 吴亚朋	104
建立长远、平等、共赢的伙伴关系 詹欣圳	111
坚定信念：让老百姓吃到更好的滋补品 张国军	118

穿越黑暗，破茧成蝶
周 圆 … 126

再次创造属于30岁的无限可能
笔亲滴滴 … 133

我行故我在，解锁人生的无限可能
戴文静 … 142

内外兼修，健康无忧
黎 文 … 149

哪怕脚下路悠悠，人生贵在有追求
黎泳谊 … 157

写给未来的自己
梁秀喜 … 162

生命之美在于无限可能
梦 希 … 169

坚持让我看见更远的光
汤宜蓁 … 178

亲爱的十年后的我
郑 雅 … 186

如何"降伏其心"？——女性公益十年心路分享
周红霞 … 192

4 无限可能

边玩边赚：AI时代的自由人生
Lily千百合 201

成长历程：岁月的沉淀与自我重塑
卓 然 208

涅槃重生，爱与使命同行
蒋思瑶 214

写给10年前自己的一封信
龙 妈 220

无限可能
黄 露 226

致时空彼端的自己：一场梦幻交织的旅程
李 耀 234

栗掌门的传播使命与个体崛起
栗掌门 241

以书为舟，驶向梦想的彼岸
雅 伟 247

从农村孩子到创业之星
阿 蔡 254

人生无界：一个普通中年
妇女寻找和建立"真我"
的通关之路

苏 志

- 硕博劝退导师
- 学术避雷专家
- 人生定位研究员

01
死磕读书的升级之路

我前30多年的成长历程是典型的读书通关之路。

我出生在一个工程师家庭，我的父母都是通过努力学习从农村考学到城市然后扎根城市。从小，我就被灌输一种信念：读书是通向未来和改变命运的唯一钥匙。

父母不断告诉我，我只是一个非常普通的女孩，长相很一般，身材还有点胖，没有过人之处，读书是我唯一能掌握的技能。因此，在家里，不需要父母督促，我也会抓紧时间勤学苦读。因为除了读书，我别无选择。

很长一段时间里，读书是我生活的全部。在学校，我是个中规中矩的学生，天资一般，但是勤能补拙，成绩还行；品行端正，既不叛逆，也不跳脱。从初中考入当地的重点高中，再经过高考进入上海知名的财经大学，我的读书之路经常低开高走，总能在关键节点跃上一个新的台阶。本来我的人生剧本应该是大学毕业后回老家当公务员，继续过着中规中矩的生活。

但是，因为睡在我下铺的好友要出国留学，拉着我陪考托福，所以大学毕业后，我把自己折腾到美国攻读经济学，继续在读书这件事上"升级打怪"。凭着死磕读书的韧劲，最终，我拿到了美国排名前50的大学的经济学博士学位。毕业后，我回到了北京，成为一所市属财经院校的老师，开始了我教书育人的生涯。过去十年，我发表过一些学术期刊文章，主持过国家自然科学基金项目，评上了副教授，可以说人生的前三十几年走的是标准化读书升级道路，获得了世俗意义上的功成名就。

02
怀疑自我的挣扎之路

我曾以为，只要我不断攀登读书的高峰，就能获得身心的自由和满足，然而，现实一言难尽。很多人都以为大学老师的工作"钱多事少假期长"，实际上，相比被很多大厂人诟病的"996"工作，大学老师则是"127"工作，也就是每天至少得花12个小时阅读晦涩难懂的学术论文，每周7天都得琢磨怎么撰写那些只有少数人会去翻阅的学术文章。尤其在近几年，很多大学都在搞"非升即走"制，工资收入与科研成果高度挂钩，大学老师的科研压力与日俱增，发表论文的"内卷"程度与其他存在高度竞争的行业不相上下。

随着时间的推移，我死磕读书的动力也越来越弱。当我坐在书桌前面对着电脑屏幕时，我的内心充满了矛盾和挣扎。我告诉自己，为了职称，为了这份看似光鲜的工作，必须得把论文写出来，但在内心深处，我知道自己其实并没有那么喜欢做学术研究。

当成为两个孩子的妈妈之后，每天把娃哄睡已经是深夜，但我还得强撑着耷拉的眼皮改论文，然后把花了无数个夜晚好不容易改出来的论文投给学术期刊，结果居然是被"秒拒"！那一刻我的心情就是"老子不干了"！可是，我不干这个，还能干什么呢？30多年来，我一直都在学校里待着，没有真正面对过外面的世界，除了读书、码字，好像我也不会干别的了。而且当学历高到一定程度，传统发展路径里的可选项相对较少，尤其是顶着留美博士的头衔，基本也就是在大学或科研所里"锁死"一辈子。年过四十，再想换赛道去私企找工作，就算我愿意干，又有哪家公司愿意要只会写论文的中年妇女？

更悲惨的是在学术界，金钱似乎是一种禁忌。身穿长袍、教书育人的人要视金钱如粪土，要追求精神上的富足，谈钱就是堕落，就是有辱斯文。然而，随着孩子日渐长大，我想要有足够的经济基础支撑我和家人体面的生活，比如给女儿和儿子一人一间独立房间。但在北京，实现这个愿望需要很多钱。

我需要钱，读书是我唯一会做的事，在我人生过往的经历里，读书等同于获得更高学历和社会认可的方式。我既没有认真思考过读书的意义，也不知道怎样用读书来让自己过上想要的生活。

03
寻找"真我"的坎坷之路

于是，我开始不断地问自己是不是应该寻找一条通往财务自由的路。我逐渐意识到，我需要的不是世俗意义上的成功，而是直面自己需求的真诚。我开始渴望一种能够让我感到内心充实和满足的改变。谁能想到中规中矩地读了这么多年书后，我的梦想居然是有足够的money（金钱）可以跟学术论文说"拜拜"。

年过四十，我决定叛逆和跳脱一次，跑去跟朋友合伙开餐馆。在此之前，我对餐饮业一无所知，选择这个行业纯属中年无知，以为这个行业完全没有技术含量，是个人就能干，自己学富五车，搞这个行当不就是小菜一碟。可是，实际情况"啪啪打脸"，我连滚带爬地学习和实践如何管理餐厅的前厅后厨、如何与"奇葩"客户沟通、如何搞团队建设、如何做线上外卖和线下营销……每样业务都是技术活。能在高度竞争市场上活下来的餐饮企业都是在实践中精进专业的，学历跟开餐馆能不能赚钱没有一分钱关系。我曾经想死磕开餐馆这件事，但经历过几乎所有开餐馆所能踩的"坑"，比如被租房中介忽悠，跟合伙人吵架，被打假团伙搞事……我清盘了餐馆，认亏离场，年纪不小了才在商业的世界里被社会毒打。

然而，餐馆的倒闭并没有让我消沉。相反，这次经历让我更清楚地看到自己的局限：人生的视野过于狭隘，以为人生只有读书这一条通关之路。我开始深刻反思：我究竟想要什么？我的人生应该走向何方？

在那段日子里，我放慢了脚步，开始聆听自己内心的声音，逐渐意识到人生是一个不断寻找"真我"的旅程。我不再刻意追求那些外界赋予我的标签和认可，而是转向内心深处，寻找那些真正让我感到快乐和满足的事物。我开始尝试不同的事物、接触不同的人群、体验不同的生活。我加入一些知识付费社群，与各行各业的人交流思想，拓宽视野。

当我慢下来后，我学会了欣赏生活中的每一份美好，无论是一次深刻的对话，还是一次难忘的旅行，或是一段美好的音乐。我开始写朋友圈，用文字和图片记录下生活的美好，分享自己的经历和感悟。我开始明白，自己的人生剧本是写给自己看的，自己的生活是要活出自己想要成为的样子。过去都是父母、爱人、朋友、同事告诉我"我是谁",现在我要自己寻找和建立"我是谁"。

寻找"真我"的过程,其实就是一个自我发现和自我实现的过程。我已经开始学会勇敢地面对自己,真诚地聆听内心的声音,不断地尝试和探索。我也更清楚地意识到,只有当我越来越了解真正的自己,发现自己的热爱,才能找到真正属于自己的事业,实现自己的价值。

04
通往"真我"的自由之路

在寻找"真我"的道路上,我逐渐明白,每个人的人生都是独一无二的,没有所谓的高低贵贱,只有不同的色彩与线条。我曾经看到《运营之光:我的互联网运营方法论与自白3.0》的作者黄有璨的自我介绍,他说因为自己高中未毕业,起点足够低,所以做任何事包袱特别小,能简单专注地去做事情,容错率特别高。跟黄有璨的经历截然相反,我的成长历程是传统意义上高学历成功的范本。在我看来,高学历的人由于起点太高,改变的成本太高,所以做任何事情包袱特别重,不允许自己犯错和失败。

在寻找"真我"的路上,我经历了不少起伏和波折。每一次失败和挑战,都让我更深刻地认识到自己的不足和潜力。我学会了在逆境中寻找机会,在困惑中寻找答案。我开始懂得,生活不是一场决定输赢的比赛,而是一段充满未知和可能性的通关之旅。

回首过去,我无比感激自己的勇气和决心。在面对挑战和困难时，我没有选择逃避。我学会了从挫折中汲取力量，在失败中站起来。只有勇敢地面对生活中的风风雨雨，才能真正地成长和进步。

现在，我依然在寻找和建立"真我"的道路上前行。我知道，这个过程可能会跌宕起伏，但我已经做好了准备。我不再害怕未知，不再害怕改变。我相信，只要保持开放的心态，勇敢地追求自己内心最真切的渴望，就能够在寻找"真我"的路上找到属于自己的光明。

我对未来充满期待和希望。我相信，每个人都有自己独特的才华和魅力，只要敢于追求、敢于尝试，就能创造无限可能。我希望自己能够成为一个用书导师，不再把读书当成获得外界认可但困住自己灵魂的工具，而是把它作为滋养心灵的肥料。我希望自己的经历能激励更多人不管在人生哪个阶段都敢迈出改变的一步，勇敢地追求"真我"，实现自己最真的价值。我也希望能够用自己的经验和故事，帮助那些正在迷茫中挣扎的中年人获得启示，找到自己的方向。

最后，我想对所有人说："生活是一段精彩的旅程，我们每个人都是自己故事的主角。"不要害怕，去探索、去尝试、去追求。相信自己、相信生活、相信未来。只要勇敢地迈出每一步，就能够创造出属于自己的精彩人生。

无　　　　　　　　　　　　　　限

生活是一段精彩的旅程，我们每个人都是自己故事的主角。

可　　　　　　　　　　　　　　能

情绪管理
——情绪内耗的自我疗愈指南

徐 伟

- 情绪内耗自我疗愈指导师
- "悟百种业跨各种界" 多维融合战略设计师
- 哲学智慧应用普通生活的推动者

01
情绪管理的重要性与现状

有个朋友问:"假如有一次难得的机会,可以在10分钟内给持续努力奋斗者分享一些成长经验或注意事项,你打算分享什么?为什么?"我毫不犹豫地说:"是关于情绪管理方面的,如何解除情绪内耗的自我疗愈指南。"

为什么呢?官方一点说,情绪对个体行为具有干扰或促进作用,并导致其生理与行为变化,是身体影响行为成功的可能性乃至必然性。所以,情绪管理的重要性不言而喻,情绪影响行为,行为决定结果,结果改变人生。它不仅会影响你的人际关系,还会影响你的健康、工作和生活。通俗的形容是"解决精神内耗是比工作挣钱更重要的事,因为不解决它就会影响挣钱和生活。"可以肯定的是,情绪内耗不一定会影响到别人,但肯定会伤害自己和身边真正爱你的人。

随着科技的发展与社会的进步,以及圈层和阶级的具象化,大众的情绪管理面临着从未有过的挑战,焦虑、迷茫带来的精神内耗和拖延、消极态度等问题愈发严重;抑郁症、双相障碍、述情障碍等心理疾病的发病率也呈上升趋势。人与人通过社会结构相互影响,而大众安全感的逐步剥离,导致幸福感的逐渐远去成了当下每个人的普遍情况。这也是当下显而易见的社会现状。

02
分享初衷

在逐渐清晰的认知里，稳定的情绪成为实现成功的必要因素、首要因素。但天生就能完美驾驭情绪、利用情绪的人并不多，所以在追求结果和成功、获取自由和幸福的路上，提升情绪管理能力，拒绝情绪内耗，是非常重要的一件事。放眼看短视频平台，讲情绪内耗的短视频占据着很大部分的流量。

很多人为了解决情绪内耗问题盲目地去找各种资料、看各种视频带来的冲击和形成的期待，以及一种模模糊糊的增长了见识却没提升能力的感觉，让我们浪费了更多时间但依然没有解决情绪内耗的问题。看看收藏夹里是不是有那么多的资料，想想自己是不是也存在这种情况。与其这样，我不如将自己总结的一套方法分享出来，希望能帮到在成长和创业过程中有情绪问题的奋斗者。

这套方法是我经过系统而深入的研究，根据医学上"传染病防治三原则"总结得出，将它献给正在经历情绪内耗的朋友们，希望它能成为帮助你们走出情绪内耗的指南。愿所有忍耐蛰伏都遇惊雷，愿一切磨难困苦不扰心湖，重启自己、重启人生。

03 方法原理

看到这里,你可能产生一个疑问,为什么是根据"传染病防治三原则"呢?情绪内耗是一个漩涡,是一种恶性循环,想跳出来就要找到中间的关键链环,从而打破循环。走出情绪内耗的本质就是切断负面情绪的传播,与防治传染病是相通的。而"传染病防治三原则"是已经得到人类验证的比较科学的原则,原理相通就可以跨界变通,既能节省时间,又能避免走弯路。其实,这个原理应用很广泛,如环境污染治理等,如果把它的先后逻辑顺序倒置一下,又成了品牌推广的原理。下面就讲讲根据"传染病防治三原则"解决内耗的四大原则。

一、主动规避

对造成负面情绪的源头进行断舍离。病来如山倒,病去如抽丝。情绪内耗本身就是恶性循环,一切正向反馈都是步步积累。100次成功调整情绪,有时都比不上1次负面情绪打击带来的伤害,前面所有的努力功亏一篑,影响巨大。所以,主动规避造成抑郁、焦虑、后悔等各种负面情绪的源头是拒绝内耗的基础。惹不起就躲,只要规避掉这些源头,不再持续受刺激,情绪就会出现好转。当情绪持续好转后,彻底改变内耗只是时间问题。当然,这种规避只是在当下阶段,真正的勇士肯定敢于面对,后文会讲解直面和克服负面情绪的阶段和步骤。

二、催化加速

找到属于自己的、正确的催化剂，合理引导正向心态和行为并持续重复。加速催生新的认知，让自己绕开病理性记忆，持续获得正向反馈，确保进入良性循环。

催化剂可以是人、事、物等任何形态。当一个人出现抑郁、躁狂等情绪时，内心是非常非常痛苦的，所以他们往往特别希望得到别人的理解和帮助。这其实也是寻找催化剂的行为，催化剂多具有双向催化的作用。能最大化影响自己心态情绪的人（想让你好起来、能包容且配合的人）、事情、物品等就是自己正确的催化剂。催化加速的关键在于找到属于自己的、正确的催化剂。

催化剂也是引导正向心态的主要方式，需要注意的是千万不要找到错误的催化剂。催化剂是自己的关注点，寻找催化剂的技巧是把自己的关注点分析透彻，找到正向关注点，再关联筛选出真正能给自己带来正向反馈的人、事、物等。

三、建立保护（防御"病理性记忆"）

在进入持续得到正向反馈感觉的良性循环时，最不能大意。可以设置保护性动作，建立被动保护触发机制。已经形成的伤害真实存在且不一定能马上被忘记，而是会以记忆的形式存在，这些曾经伤害到自己的回忆就是"病理性记忆"。我们要将其深埋并使其不能轻易被勾出，同时设置相应的跳出动作、行为或语言（作为钩子或锚点），形成条件反射。当我们再次被动触发病理性记忆时，主动利用钩子跳出，能跳过就跳过，能转移就转移。

四、重塑与训练

重塑是根据催化剂培养新的爱好、兴趣或形成新的生活方式,重塑心态、情绪、认知与三观后,重新理解"病理性记忆"。正确去认知理解"病理性记忆",让它成为一次失败的经验、一次成长的机会、一次蜕变的过程……情绪内耗不会是偶发的,随时都有可能再次发生,所以我们还需要养成复盘总结的习惯来训练自己。当它再次发生后,我们能够不被它影响情绪,并且将它用来提升自己,吸取教训,总结经验,承前启后,继往开来,循环往复,周而复始,生生不息……持续转化新的负面情绪,最终会使我们愈发自信,迎接成功,收获幸福。

04 行动步骤

将以上原理理解到位,我们就可以根据自己的情况,灵活制定具体的行动计划。由于每个人的实际情况有所不同,这里只给大家提供一个通用的基本步骤作为参考。

①理解原理。彻底理解上述原理,形成符合自己情况的中心思想和疗愈原则。

②汇总清单。汇总自己的病理性记忆以及造成叠加性心理创伤的人、事、物,如语言、行为、现象等,把这些负面情绪源头整理成清单,不要遗漏。大多数刺激都是一些"小事",且有相同属性,我们

可以尝试归纳刺激的源头和属性，并将其整理成清单。

③为创伤场景和病理性记忆设置跳出动作，形成条件反射。将自己负面情绪源头和病理性记忆整理好后，给他们匹配上一定的行为动作，可以是语言，也可以是小动作，这些都是把自己拉出循环的"钩子""抓手"。一些常见的跳出动作有拍大腿、拍额头、打手、扶眼镜、摸鼻子等，还有看手表、看手机锁屏画面、设置闹钟在固定时间提醒自己等。强制执行跳出动作并形成条件反射后，一旦碰到伤害清单上的内容，可以使自己躲过、跳过、转移当前关注点，跳出恶性循环。

④寻找正确的催化剂。关于催化剂的解释原理，前文已经讲得很清楚，不再过多阐述。分享一个经验，稳定性催化剂选择的优先级顺序是"物＞人＞事"。

⑤找到核心内驱力。给自己找个现实点的、建立在物质基础上的动力。

⑥根据内驱力设置多维目标，分解目标并形成行动计划。设置目标的教程也很多，这里不做介绍，但在设置目标时需要注意：一是前期设置目标宜小不宜大、宜短不宜长、宜细不宜粗、宜有形不宜无形；二是多维度设置多种类目标，不能只有收入目标，还需要有家庭目标、健康目标、旅行目标、兴趣爱好目标等。刚开始不用太复杂，但绝不能单一。随着目标逐个实现乃至实现良性循环时，目标也会动态化、正常化。

⑦将自己重塑的三观和认知形成文字，定期进行包含情绪方面的复盘总结。自我疗愈这件事情难在开始，只要开始进入良性循环，加以主动保护就会越来越好。这时复盘总结绝不可少，借复盘总结对自

己进行刻意训练，在同类事情上训练自己的应对能力。因为复盘总结是全方位的，不仅可以解决问题，还可以促进个人成长，提升自己的综合能力、人生目标规划及行动速度，真正做到不刻意对抗情绪和人性，而是通过自然引导让一切都顺利起来。

05

声明

当出现明显的身心症状或器质性病变时，请到专业机构或医院进行治疗。此方法建议在情绪出现的初期且在自身可控的范围内使用。实际上，没有人比自己更了解自己的状况，某些情况下，出于自卑情绪或隐私考虑，即使接受专业治疗，一个人也不一定能真诚地吐露心声，积极配合治疗。因此，在进行专业治疗的同时，可以将此方法作为辅助进行自我疗愈。心病还须心药医，对于自己的心结，最好的心药是靠自己，其他手段都是外在手段。正视自己，走客观路线，合理制定自己的成长计划才是正道。

由于时间和篇幅限制，本文没有机会对引用的一些概念、定义和相关延伸（如"传染病防治三大原则"、述情障碍、叠加性心理创伤、病理性记忆等）进行详细阐述。有兴趣的读者，可以自行查阅相关资料或关注我的其他作品。

无　　　　　　　　　　　　　　　限

找到属于自己的、正确的催化剂，合理引导正向心态和行为并持续重复。

可　　　　　　　　　　　　　　　能

黄亦玫找到了人生
意义，你呢？

麦署基

- 个人成长模型倡导者
- 走出无意义感和焦虑的践行者
- 养"基"达人

电视剧《玫瑰的故事》中的女主角黄亦玫通过四段恋爱找到了人生意义，也许你会问是什么意义呢？别急，我们先往下看。

01
依依东望

还记得《虎啸龙吟》中讲述依依东望的小剧场吗？

在"空城计"那一段里，由于有机会亲手活捉诸葛亮，司马懿大喜过望。当时，他觉得"依依东望"就是他的抱负、荣耀和最大的成就，杀了诸葛亮就可以名垂青史。

正当司马懿慷慨激昂之时，诸葛亮的一句"那你儿子呢"则点醒了司马懿。司马懿曾经谈到自己当官的初心是"保我司马一家之安康"，如果他此时活捉了诸葛亮，则魏国两大外患已除其一，如此一来，虽然他可以名留青史，但司马一家遭到曹氏宗亲的迫害也已成定局。捉住诸葛亮，等于要赔上司马一家老小的性命；放掉诸葛亮，则自己只需承担"过分谨慎"的过错。于是他心有忌惮，开始犹豫。

随着诸葛亮退场，司马懿的"脑内小剧场"里才会出现老年的自己。老年司马懿给中年司马懿上了一堂课，"依依东望，望的不是成就，而是毕其一生，是时间"，活着最重要。司马懿熬死了曹操和曹丕，熬到曹氏衰败，熬到诸葛亮累死。因此，"此时走"与"那时走"的根本区别在于：此时走，潜力远未充分发挥，半生成就只是别人手中的一把剑；那时走，自己已经竭尽全力，毕生成就是成为那个握剑的人。

司马懿也是在想到了这一层之后，才决定放走诸葛亮。

最后一集中，老年司马懿对"依依东望"有了新的理解：依依东望，望的是人心。一切皆是人心的变化，从少年的良心、青年的野心、中年的小心，最后到晚年的慈心，都是生命最寻常的历程。

《虎啸龙吟》给我们展示了司马懿价值观的变化（开始渴望"名垂青史"，然后"以家族存亡为重"，再到"活着才最重要"，最终"洞察人心变化"），这些价值观就是司马懿的人生意义。我们会发现，人生意义是每个人自己赋予或创造的，所以每个人的人生意义不尽相同。我们小时候觉得人生意义是成为学霸；读大学时觉得人生意义是找到好工作；而现在觉得人生意义是保持内心平和。人是意义的动物，人类的感知系统具有对无序的外界刺激进行组织的本能，会赋予事物解释和指向。这样我们就不会感到不安，同时也获得了掌控的感觉。

02

探索意义

人生大部分时间都是在寻找，寻找那些最需要你的人和那些最需要你的事。

生活本身提出问题：人生意义是什么？

· 有时候你会发现意义就像快乐一样，它是参与生活的副产品，不能直接求得。

· 有时候你也会发现如余华所说活着本身就是意义，每时每刻的表达都具有意义。

- 当你投入热爱的工作和事业中时，你会觉得充满意义感。
- 有时候对他人奉献、被社会认可会让你充满意义感。
- 有时候培养下一代会让你充满意义感。

我们再来看看专家怎么说。

- 埃克哈特·托利："体会当下的力量。"
- 瑜伽老师："内求，个人的体验（旅游，冥想等）。"
- 山下英子："断舍离。"
- 佛："修行才能离苦得乐，到达彼岸。"
- 禅："吃饭时候吃饭，砍柴时候砍柴，睡觉时候睡觉。"
- 宝总（电视剧《繁花》的男主角）："我还是喜欢吃那碗泡饭，做人要不响。"

03
没有意义

大家是不是觉得有点热血沸腾？但是我不得不泼一下冷水，其实人生也有无意义的一面。

从基因的角度来看，人只不过是基因的奴隶；从大自然或者更广的角度来看，人类这一物种本质上跟其他物种没什么区别，活着只是为了繁衍。

从生死的角度来看，你做的任何事情都将烟消云散，你存在的一切痕迹都将无处可寻。人类终将灭亡，地球也会荡然无存。无论你是画家、诗人、征服者、贫民，还是其他任何人，几代人过后，都不会有人记得你。在你出生之前，这个世界上并不存在一个"你"，你不关心任何人和任何事，包括你自己、你所爱的人、人类，以及人类是要移民火星还是留在地球上、是否有人工智能等。在你死后，这个世界上的"你"就消失了。

从物理学的角度来看，根据热力学第二定律，随着时间的推移，一个孤立体系中的熵不会减少。这意味着一切自然过程总是沿着分子热运动的无序性增大的方向进行。自由能只会减少。如果把人类或植物等任何一种生物或人类文明视为一个系统，这个系统就是在局部熵减。人类在局部熵减，因为我们有行动力。而在人类局部熵减的同时，整个地球在整体熵增，直到宇宙归于热寂。此时，万物归一。作为生命系统，我们所做的一切都是在推动宇宙加速达到热寂。创作艺术、研究数学、组建家庭、发明计算机、创建文明……所有这些更复杂的系统都在使宇宙加速达到热寂。

04
人生比喻

无意义感让我们陷入虚无主义，我们应该怎么办呢？怎样度过我们的一生呢？我们来看一下对人生的比喻。

人生如戏。我们在自己的戏中扮演不同角色，同时也会参与其他人的戏。我们诞生之初是家里重要成员；上学之后变成青年；工作后扮演职场下属或上级；回到家可能是抚育孩子的父母、是照顾老人的儿子或女儿，或是睡觉前敲着键盘写文章的"斜杠人士"。我们生活在一个充满关系的世界，表现出不同的自我来适应不同环境的需要，心情也随之起伏，我们要做的是扮演好自己的角色。

人生就是对欲望的追求。我们活在追求事业、金钱、名誉和权力的路上，当无法得到这些东西时，我们会感到沮丧和痛苦。经历磨难还顺利得到这些东西后，我们总该快乐了吧？殊不知，考上中学后想着考大学，考上大学后想着工作赚钱，赚了100万元之后会想赚1000万元。旧的欲望满足后，新的、更大的欲望产生了，满足感会逐渐递减，然后慢慢开始感到无聊。我们在一次次的欲望满足和无聊中不停地摇摆着，快乐总是短暂的，我们无法获得永远的满足。

人生如游戏。人生而不平等，就跟玩电子游戏选难度、职业一样，有的人是"easy（简单）"模式，轻松又愉快，就当个打打小怪兽的奥特曼；有的人就是"hard（困难）"模式，玩的就是心跳。而幸福往往源自那些经过自己亲身努力之后获得的事物，含着金汤匙出生不见得是件多好的事。从一开始就是"虐菜"的节奏，一路通关，玩着这样的游戏，代入感就没多少了。生活中，我们常常会有走弯路的感觉，但是，弯路就意味着体验的滋味更多，就像玩游戏一样，自由度越高、支线任务越多，玩得越过瘾。别把它看作对自己能力的否定，要把它看作成长进度的真实反馈。当然，有时候我们用第一人称视角玩游戏（作为冲锋的小兵）；有时候我们用第三人称玩游戏（作为俯瞰全局的军师），知道什么时候陷入局（第一人称）和什么时候跳出局（第三人称）是关键。游戏你可以存档复盘，人生却不能重来，你必须学会接受缺憾。在这场游戏中，唯一重要的事情就是随着生命的展开，你要不断地体验现实。既然如此，你为什么不以最积极的方式去诠释自己经历的一切呢？所以，好好享受生命吧！为社会做一些积极的贡献、向世界主动释放和传播爱、给他人带来快乐和幸福，让生活多一些笑声，珍视眼前的每个瞬间。承担使命，尽职尽责，不枉此生。

05
最终启示

最后，我们以一个渔夫和商人的故事来结尾，希望给大家启示。

一个渔夫和他的妻子住在海边，这个渔夫很怪，每天都只会在海边钓两条鱼作为他俩一天的食物。一天黄昏，一个商人在渔夫家借住，家里已没有剩余的鱼招待客人，由于天还没有黑，渔夫就拿着鱼竿到海边再钓一条鱼，把它作为晚餐。商人也跟着渔夫一起到海边垂钓，商人就问渔夫："现在的生活是你的理想吗？"渔夫答："生活并不富足，但这种生活很令人向往！"

商人问："为什么一天只钓两条鱼，为什么不多钓一些呢？"

渔夫就问："钓多几条要做什么？"

商人答："多钓一些拿到集市上卖啊！"

渔夫又问："卖掉后我还应该做什么？"

商人答："卖完后换渔网和渔船回来啊！"

渔夫又问："接下来，我还应该做什么？"

商人答："出海捕很多鱼回来卖啊！"

渔夫又问："接下来，我还应该做什么？"

商人答:"再买几只渔船回来捕更多的鱼啊!"

渔夫又问:"接下来,我还应该做什么?"

商人说:"有了财富就可以开一家公司啦!"

渔夫又问:"接下来,我还应该做什么?"

商人说:"有了更多的财富,你的公司就能和其他公司竞争了,甚至收购其他公司啦!"

渔夫又问:"接下来,我还应该做什么?"

商人说:"你就可以把一笔你和你后代都花不完的钱存在银行里,再慢慢地拿出来用,你以后就不用为生活而犯愁啦!"

渔夫又问:"那这些都做完了,我还应该做什么?"

商人答:"那你就可以回到海边过上你向往的垂钓度日的生活啦!"

渔夫反问:"那我现在不就正在过这样的生活吗?"

渔夫每天只钓两条鱼,够吃就行了,追求舒缓悠闲的生活。商人则希望多钓鱼,卖鱼赚钱买船,再捕更多的鱼,然后建立船队、开创企业、实现财务自由。我们会争论渔夫和商人谁的人生更好,但其实人生观是主观的,是我们对人生的总体期待。我们只要能实现自己的期待就好,无所谓好坏得失,因为这些都是向外探求,而探寻内在的声音才是王道。正如黄亦玫所做的一切都是忠于内心,活出自我,骑着摩托,听风的声音。也许我们找到这个声音要花很长时间,但是我们寻找的过程本身就是充满意义的。

无　　　　　　　　　　　　　　限

人生意义是每个人自己赋予或创造的,所以每个人的人生意义不尽相同。

可　　　　　　　　　　　　　　能

写给十年后的可乐

可乐（Kelsey）

- 什么都好奇的"劈叉"博士
- 中医哲学实践者
- 康养闭环探索者

你好，十年后的可乐，你过得好吗？

又写下了这句熟悉的话，十多年前，刚考上大学的你也写过类似的话，你还记得吗？小小的一张便利贴上用略带幼稚的字体工工整整地写着："相信你可以保持热爱、好奇，活出不后悔的人生！"

两年前再次翻到这张便签时，刚好十年。我想这是命运的某种修正，让这张小小的便签跟着我从家乡到北京中医药大学四年，到中山大学五年，再到上海。它没有什么存在感，就这么安安静静地躺在发黄的笔记本里，等待着我打开的那一刻。

两年前的我，经历了五年的硕博学习和一年的研发岗工作，手握多篇影响因子大于10的SCI（科学引文索引）文章，拿过国家奖学金、市级优秀学生、跨专业转正绩效等级A等荣誉。我不断"证明"着自己的能力，过着算是"体面""顺遂"的生活。当我找到咨询师说出自己的烦恼和迷茫的时候，他说："我觉得你的问题是太顺利了，没经历过什么挫折。"

但真的如此吗？不知道十年后的你是否还能记得这种无助和迷茫，当时的我还在不断暗示自己"应该知足常乐"。即使我尝试说服自己，身体却不听使唤，花了大力气调理的颈椎病、腰痛、失眠都开始复发，感冒、荨麻疹、过敏、扭伤等奇奇怪怪的小毛病接踵而至。虽说都不严重，但也用光了社会保险账户额度，花了不少钱。

就在我已经习惯三天两头跑医院的生活时，我看到了一个词——"（情绪）躯体化"。精神分析学说把躯体化的形成看作一种潜意识过程，一个人借此将自己的内心矛盾或冲突转换成内脏和自主神经功能障碍，从而摆脱自我的困境。例如用躯体化症状置换内心不愉快的心情，减轻由某种原因造成的自罪感，借此表达某种想法和情绪等。

这个词给了我一种被击中的感觉。原来我一直在压抑着自己，为了一些所谓的"好"的标准，为了他人所谓的"认可"，把自己的感知、情绪、身体都排到了后面。

不知不觉，我活成了一具华丽的躯壳，"水泥封心"的那种。

我相信十年后的你也一定不会想再回到这样的状态，毕竟当我享受过做自己的快乐后，便"除却巫山不是云"了。这个转变的关键点，就是这封十年前的来信。

"相信你可以保持热爱、好奇，活出不后悔的人生！"

这句话让麻木的我回想起了肆意生长的大学时光。在北京中医药大学的四年应该可以说是我的高光时刻了，从十八线小镇走到首都北京，全身心地投入最美的一段青春中。每天早上在200米的小操场绕圈，白天穿梭于各个教室，晚上忙于剪视频、做海报等班级或社团活动，周末在辅修课的间隙做志愿服务或"免费观光客"。那时的学生证真好用呀，坐公交只要两毛钱，很多景点免费或只需要一两元，出发前带上食堂一块五的糕饼，就是完美的出游了。抱着"保持热爱、好奇，活出不后悔的人生"的想法，我什么都想去试试，比如到贵州安顺支教，创办新媒体社团，为了做课题坐三四个小时车到接近河北地界的地里观察药食同源的植物……

"不后悔"真的是一个很奇妙的标准，好像所有的事到这里都能有一个答案，哪怕只是暂时的、当下的答案。秉承着"不后悔"的标准，我确实拿到了一些"好结果"，比如以综合绩点排名专业第一毕业、保研到中山大学，获得"北京市优秀毕业生"称号。这些"好结果"对那时的我来说是很大的肯定，给我带来了很多自信。

但现在这个给你写信的我更想抛开这些标准的、客观的"好结果",看到这些好结果背后我良好的"精神状态"。

已经记不清是从什么时候开始,我的选择越来越接近这个社会、亲人、朋友眼中的"好",越来越偏向"我能做到"而不是"我想做到"。大家说要有博士学位才好找工作,我就转博,读到抑郁也咬着牙不退学,最后竟然也在老师的帮助下发了好多文章、获得了专利,顺利甚至有点"风光"地毕业了。现在回头看我的硕博生活,虽然有过一些自我挣扎,但那时对未来充满迷茫的我是看不到自我的,看似"为了我的未来"的选择无非都是基于社会标准的"模仿"。

"做自己"其实是一个有点虚无的话题,因为我就有很长一段时间把"别人眼中的我"当作"真实的我",而现在写下这些话的我又是不是"真实的我"呢?

现在,我的脑海中又浮现出了那张泛黄的便签和便签上幼稚却认真的话语:"相信你可以保持热爱、好奇,活出不后悔的人生!"。

或许,在执行这句话的我,就是"真实的我",而将这句话抛到脑后的我不是"真实的我"。

在我快被外在标准压垮的时候,十年前的这封信拯救了我。

我开始尝试去唤醒那个"自闭"的我:我真的想要现在的生活吗?现在的我有没有后悔自己的选择?未来那个快要死去的自己会不会后悔现在的选择?

人真的是很神奇的动物。当我觉得自己已经麻木了的时候,从要不要吃一顿麻辣的火锅,要不要用周末画一幅油画,到要不要拒绝无止境的加班等,这些小小的"试探"竟然真的唤醒了我。

我意识到自己处于一种非常迷茫的状态,一种"就算现在死掉好像也没事"的无意义感之中。我不想这样,于是辞职了,正视自己的健康状况,做全面调理,重启想了很久却被各种冠冕堂皇的原因搁置的旅行计划。

当我听着周深的歌,看到南迦巴瓦峰的日照金山,看到禾木村清晨袅袅的雾气,我有一种被打开的感觉。无论我来或不来,山就在这里,如此震撼、美好,一种"人间值得"的景色就在这里。只要我想看,它们就在这里等着我、欢迎我、治愈我。而我,只要做一个选择,一个发自内心的选择。

后来的故事,十年后的你想必也还能记得七七八八。我顺着这封十年前的信找到了"做自己"的感觉,顺着这个机缘认识了各种各样的人,做了各种"顺流而上"的事:把自己的身体从"三天去一次医院"的状态调理到了"一年去一次体检"的状态;重拾专业,整合资源,以中医整体观和阴阳平衡理念为基础开始了全流程健康管理领域的创业,希望能帮到更多和曾经的我一样的人回到身心平衡的高能状态。

这些改变发生得太快,快到我自己都还没有反应过来,就已经到人生的旷野上了。笃定、快乐,每一分、每一秒都真实地属于自己的感觉真好啊!

我现在好像可以想象出十年后的你是什么样子的了!

你是不是已经把"中医外治+食养+自调功法"的全套健康管理体系迭代到了自己满意的程度?是不是已经为1 000多人恢复了身心能量,跟你一起享受活着的幸福感?是不是还在兼职为和曾经的你一样的硕博生做咨询?是不是有了自己的宝宝?是不是小朋友已经在开心地上小学?

我不确定十年后的你是不是在上海,但我好像看到你住在有大落地窗的房子里,沐浴在清晨温暖的阳光里练习养生功法;在挂着不少自己的书画习作的客厅里远程办公,和先生在胡桃色的长餐桌上吃热气腾腾的烩饭……

其实,现在的我已经不太在意这种"未来在哪里"的"确定感"了。神奇的是,好像就是在我放弃追求未来的确定性后,未来就自然而然地出现在我的脑海里了。大概接受自己的不完美,生活就会开始变得美好了吧!

写到这里,十年后的你可能已经发现了,这封信与其说是写给你的,不如说是写给现在的我的。未来永远是未来,未来是你的,而我永远拥有现在。

我在现在、在当下,接过十多年前的期待:"相信你可以保持热爱、好奇,活出不后悔的人生!"。在现在、在当下,我左前方的电脑在播放周深演唱会的视频,演唱会已经快到尾声了,此时播放的正是我近期最喜欢的歌——《我以渺小爱你》。我停下了码字的手去看屏幕,感觉头皮酥酥麻麻的。十年后的你大概也在继续追星,也拥有很多关于周深演唱会的现场回忆了吧?而现在,是周深出道的第十年,他刚发了专辑《反深代词》,开始了巡回演唱会。十年前的我完全想不到,一个"追星绝缘体"竟然会有点疯狂地"粉"上一个人,并疯狂地产生共鸣。但十年后的你一定能理解,周深这十年不算顺利的音乐梦想之旅,给了我多少力量。"要炙热啊,要不忘啊,要勇往啊""你还在等什么""向心中的梦啊去追吧""跟现在握手拥抱道别出发,别停下""对明天毫无保留""I'm ready now(我现在准备好了)"……他用音乐探究自我、回归本心做自己的旅程,在不知不觉中也影响着我、帮助我打开自己、做自己。这样说来,我都有点羡慕十年后的你了。未来一定是很美好的样子,"我以渺小爱你同行的旅程"!

好了,对于你,也就是十年后的我,我想已经没什么可嘱咐的了。记忆会模糊,但感觉不会消失,我很期待你的到来!如果非得说点什么的话:请记住,一切以健康为代价的事都不值得。相信你可以保持热爱、好奇,活出不后悔的人生!

无 限

相信你可以保持热爱、好奇，活出不后悔的人生！

可 能

3分钟卡牌游戏让你的销售能力增长3倍

潘 俊

- 曾是某外企亿元销售冠军团队负责人
- 企业数字化赛道创业者
- 性格色彩卡牌实战导师

大家好，我是潘俊。很高兴用这种方式和大家见面，首先向大家介绍一下我身上的一些典型标签。

01 "小镇做题家"

我是1981年出生在浙江省金华市磐安县的一名小镇青年，1998年考入上海双一流大学的华东理工大学，学习自动化专业。

02 外企闯荡

2002年大学毕业后，我就进入外企工作，从单枪匹马的销售做起，后来带领一个小团队，负责新能源行业（风电行业）的大客户销售。5年时间，我们4～5人的小团队，将这个行业的年销售额在50万元的基础上增长了200倍，实现行业销售额破亿元，我也连续几年成为销售冠军团队的负责人。2009年，我们团队服务的风电客户是国内风电制造商的先驱者，15年过去了，2024年五一假期在长兴岛骑行的时候，我看到海岸边一台台海上风力发电机，就想起当时和客户工程师在现场调试的点点滴滴。我非常感慨，风电的国产化进程，也是有我们当时团队的一份汗水和泪水的。

03
在职学习

2013年起，我开始在职学习之路，花费近百万元，先后就读了同济大学MBA、首届混沌创新商学院、香港大学SPACE中国商学院产品创新与创意管理专业、长江商学院图灵计划、上海大学领导力班、北京一堂创业课。我也认识了一帮非常有意思的校友，和他们一起上课、一起踢球、一起喝酒、一起走沙漠、一起游学。虽然学习交流的过程很开心，但对于很多问题，我还是没有找到想要的答案。譬如，到底什么业务才最适合我的个性？如何平衡生活和工作？是否要离开稳定的外企岗位，开始创业？

04
离职创业

虽然很多问题想得还不是特别清晰，但2018年春节，我还是离开了工作15年的外企，开始了跌跌撞撞的创业之路，进军非常热门的数字化专业和工业互联网赛道。我们团队聚焦新材料和塑料加工行业的数字化转型业务，5年时间，已经为50多家年销售额过亿的企业，交付了50多个数字化车间的项目。

05 合著书籍

2023年，在一堂创业课上，我与一起学习的李海峰等30名投资者和创业者合著《无限进步》。

06 卡牌游戏

大家听我唠叨了那么多，是不是感觉和卡牌游戏以及销售都关系不大啊。故事就要从我创业的项目说起了，看上去我选择了一条阳关大道，并且也已经交付了那么多行业大客户的项目，此外国家还在积极推动各个行业的数字化转型，前景理应非常好啊。但是只有我们身在行业一线的从业者才知道：目前在中国，做数字化方向的创业，99%都是不赚钱的，因为项目中非标需求和服务实在太多了。客户愿意支付的成本是远不能覆盖我们投入的交付成本的，通常项目从接手的时候就已经注定是亏的。2023年，我非常焦虑，希望能够尽快找到可能的破局之道。没想到一个3分钟卡牌游戏，为我打开了新的世界。

2023年3月，在北京一堂创业课上，一位刚刚认识不久、来自广州的创业者刘丽同学向我发出了邀约："我们一起玩个游戏，让我看看你当下的个人状态吧。"我就花了3分钟时间，摆出了符合自己当时状态的牌面。

刘丽同学仔细看了看我摆出的牌面，又看了看我的脸，她非常严肃地对我说："潘同学，你表面看上去非常阳光热情，但是你的内心应该很焦虑很迷茫吧。虽然你乐观、乐于分享，并且应该也有不少朋友和你在一起，但是你并没有拿到你想要的结果。你目前的压力应该非常大，甚至你的太太持续在和你吵架，严重的话，你们甚至都已经考虑是否要分开了，是这样的吗？"

天啊，她根本就没有问我任何的问题，并且当时也不可能有其他同学知道我的真实情况，她怎么就能通过阅读这样一副简单牌面，如此准确地解读出当时我个人最真实的状况。我真的被她展现的"读心术"惊呆了，难道这世上还真有"开天眼"一样的技术吗？

更为神奇的是，通过这个3分钟的卡牌游戏，创业班里30位同学的状态都被她准确描述出来。

更让人吃惊的事实是，她只学了3天的课程就有这样看透人心的能力。此外，这个卡牌游戏不仅仅能看个人状态，还能非常快速地识别出亲子关系、亲密关系、父母关系、事业关系、金钱关系等所有与人际关系有关的信息。我一下子就被这个神奇的识人技术吸引过去了，这不就是我苦苦追寻的了解自己、认识他人，并且去影响他人，拿到自己想要的结果的神奇工具吗？

于是我和我们创业班的近30位同学都进入了这个神奇的课堂。下面我说说进入线下课堂学习以后，我自己和一些同学身上的神奇变化吧。

07
亲密关系修复

我终于和与我结婚17年的太太和好如初了。正如刘丽从牌面看到的一样，在进入课堂之前，我们的婚姻岌岌可危，她对我渐渐失去了耐心和信心，我们几乎每周都会吵架，甚至经常当着孩子的面吵架，我觉得她一点都不理解我，她也觉得我简直就是木头脑袋，毫无情商可言，无可救药，对家庭毫无贡献，当初能够看上我就是瞎了眼睛……而今，利用卡牌工具的沟通，她渐渐了解了我创业后这几年的不容易，也知道用我能接受的方式和我沟通了；而我渐渐也明白了她否定和批判我背后的真实需求，也学会了用她能够理解的方式去表达我的想法；并且她也被这神奇的工具所吸引，进入课堂学习，成了一名卡牌大师。现在，她已经成了医院同事以及闺蜜们最喜欢的"心理咨询师"。在最近一期乐嘉老师的"情感大课"上，我们分享了这段历程，感动了台下许多同学。

08
亲子关系改善

原先在12岁儿子的眼里，我是一位非常没有家庭地位的爸爸。除了周末打游戏的时候他会主动找我帮忙，其他时间，他都不愿意和我好好沟通。在一次夏令营给他同学做卡牌测试，并且给他们分享性格色彩的应用场景后,他在当天的复盘作业里第一次称呼我为潘老师,并且写了自己听完讲座后的真实感受。我为儿子能有这样的变化感到特别高兴。

09
销售能力得到巨大提升

首先我想分享一位一同进入线下课堂学习的同学如何重拾信心,实现自我价值的故事。她是一位有2个女儿的全职妈妈,十几年都没有自己出来赚过钱。在一场2个小时的美业客户的沙龙里,她变现超过了10万元。这个成绩甚至让性格色彩的创始人乐嘉老师也叹为观止,直接为她的变化赋诗一首,题为《清晨见性格色彩认证讲师变化有感》。

> 深闺不言,泪落无声。
> 似水流年,平淡无奇。
> 讲师训后,宛若倾城。
> 举手投足,满是芬芳。
> 开口华彩,举座皆惊。
> 何方高人,竟能读心。
> 此后十年,人生绽放。
> 奇彩人生,梦圆台前。

因为性格色彩课程的学习和实践而让自己的生命状态发生改变的故事还有太多太多。在买了这本书的读者中,应该也有不少学习性格色彩的同学。很多同学利用性格色彩这个高效实用的心理学工具在事业、亲子、情感等方面都取得了非常好的成果。

至于如何才能让自己的销售能力增长3倍，我的计算逻辑是这样的：

- 自我认知能力提升（找到天赋赛道）：3倍。
- 家庭关系/亲密关系改善（不内耗）：2倍。
- 客户识别能力（懂客户）：2倍。
- 团队管理（更有战斗力）：2倍。

大家算算是多少倍呢？

没错：24倍！

一个悟性高的学霸型选手提升24倍的销售能力是完全有可能的。

但是我们毕竟都是普通人，没有那么强的转化能力，但每一项技能都只掌握20%应该难度不大吧。那么在销售方面的成果是：$24 \times 20\% = 4.8$倍，最终销售能力提升3~5倍，是不是很容易实现的事情呢？至少，在我自己的团队中，运用这套工具，2024年上半年的人均毛利相比2023年，已经提高了4.5倍。

所以如果你也想尽快调整好自己的状态，在事业、家庭方面获得更好的结果，那么欢迎更多的朋友能够通过我，来了解这个神奇的实用心理学工具。

欢迎大家扫码添加我为好友，体验卡牌的神奇魅力。

无 限

客户愿意支付的成本是远不能覆盖我们投入的交付成本的，通常项目从接手的时候就已经注定是亏的。

可 能

心灵之旅：从迷茫到自我救赎，用爱与智慧点亮生命的光芒

晓雅（叶颖玲）

- 从三流院校逆袭成为世界500强企业的财务总监
- 女性个人品牌资深玩家
- 老板的Web3大学联合创始人

01
逆袭的"大专生"

我是一个来自广东省江门市的普通孩子,出生在一个传统的家庭。与大城市重视传统教育的氛围不同,我的家乡经商氛围非常浓郁。从小,我就被家人安排去摆地摊,体验小商贩的生活。五岁时,我就开始了我的"商业生涯",用稚嫩的双手摆弄着各种商品,尝试着与陌生人交流。

记得有一次,城管突然来袭,我手里拿着东西,年纪又小,根本来不及逃跑。我灵机一动,决定装傻。我用天真无邪的眼神看着城管,假装不知道发生了什么,甚至反问他们一些问题。就这样,我居然奇迹般地糊弄了过去。摆摊的经历让我深刻体会到了生活中的智慧与勇气。

在学业上,我始终保持着一种独特的学习方式。虽然我在学校里并不出众,但我的成绩却总能名列前茅。小学阶段,我既是班级里的"小混混",又是成绩第一名,这种双重身份让我在同学中独树一帜。小升初时,我以全校第九的成绩顺利考入了当地最顶尖的初中。

然而,就在我读初二那年,家庭突然的变故开始影响我的学习和生活。由于家里被迫欠债几百万元,父母之间感情也随之出现问题,他们开始冷战,家里的气氛冰冷得就像南极里的冰雕,没有一丝温度。即便我在学校取得了优异的成绩,回到家后也无法感受到一丝温暖和喜悦。

当时我虽然年幼，却还是跟爸爸说："我会努力帮你一起还债。"但是他强势地坚持："你只管好好上学，除学习以外的事情一律不要碰。"

我妈妈把所有的注意力放在我身上，无论是生活里的大事小事，还是学习上的事情都得询问她的意见。不知道为什么，那段时间的母亲跟现在的NPD（自恋型人格障碍）一模一样，跟她相处的时光里，我眼里好像没有光了，也不快乐了，每天都感到无比的压抑，我每天最大的目标好像变成了如何让妈妈快乐。加上青春期的我性格内向，害怕麻烦别人，情绪压力从不曾向家里人、同学透露半分，因此，我一直找不到宣泄的出口。在这种情绪的压抑下，我开始对学习产生了厌倦感与无力感。进入高中后，我面临的不仅仅是学业上的压力，更多的是心理上的挑战。

最终奇迹没有发生，我无缘自己理想的大学。这次失败让我深刻认识到心理健康教育对人的重要性，也让我产生了强烈的决心，要证明自己并不比别人差。

大学三年，我深知只有价值导向才能实现逆袭，所以精进财务知识夯实基础。毕业后，我同样并未放弃自己，而是选择了一条自我救赎的道路。

我以专科为起点，先是进入税务局工作；一年后又跳槽到上市公司，三年"996"的沉淀足以让我实现从小基层到中层的逆袭；次年5月，我跳槽到了世界500强公司继续担任中层职务。在这个过程中，我逐渐摆脱了负面能量，活出了自己极致的生命状态。

在世界500强公司工作的三年里，我积极参与各种公益活动，帮助上万名客户疗愈原生家庭、亲密关系中的创伤。我找到了自己的天赋所在——帮助他人解除心魔。每当看到他们因为我的帮助而重获新生时，我都能感到无比踏实和幸福。

如今的我，已经彻底摆脱了负面能量的束缚，活出了自己真正的生命状态。我深知心理健康对于一个人的整体幸福至关重要。因此，我下定决心要将自己所学所悟传授给更多的人，帮助他们走出心理困境、重拾生活的信心。

我的内心充满了使命感：我要帮助更多像我一样曾经被各种烦恼困扰内心的人保持身心健康。我相信通过我的努力和坚持一定能够为社会做出更大的贡献。

回首过去，我感慨万分。从一个来自四五线小城市的普通孩子到如今的行业佼佼者，我经历了无数的挑战和困难。但正是这些经历让我更加坚定地走上了自我救赎的道路，也让我更加珍惜现在所拥有的一切。

未来我将继续秉持着"做自己热爱的、擅长的事情"的信念不断努力前行，为实现自己的使命而努力奋斗！

02

拿到的成果

与很多转行人不同，我是干一行爱一行。在我是财务管理人员的时候，我热爱财务工作，但为了给予家人更好的经济条件，且随着外部环境的变化，财务工作虽然光鲜但价值感低，压抑的职场环境让我在副业里疯狂地追求属于我的价值感、成就感。我希望用我过去对抗抑郁的成功经验帮助更多人保持心理健康，达到他们所谓的平和舒适的心理状态。

罗曼·罗兰说过："世界上只有一种真正的英雄主义，那就是在认清生活真相后依旧热爱生活。"在我看来，心理咨询师们就是罗兰口中的英雄，他们看清人性的真相后，依然愿意热爱每个来访者，在他们深陷黑暗的时候拉他们一把。

在我服务超过2000名客户期间，我的关键词是什么？

03
关键词一：服务

在做了5年的心理咨询师工作后，我不会用经济状况来划分客户层级，而是一视同仁地帮助他们。创业多年来，我一直没有低端、中端客户的概念，无非就是沟通成本、时间成本的问题。

在我的世界里，没有工作的概念，因为我的生活就是帮助更多的人解决问题。我的手机24小时开着，随时都能接收客户的消息，只要对方需要，我一直都在。

04
关键词二：臣服与敬畏生命

心理咨询师首先自己就要是一个自信、独立、人格健全、完善的个人，要对这个领域有着透彻的深度认知；其次你不仅要尊重人性的部分，也要去唤醒神性的部分。

比如，有些来访者就是没法信任你，那是因为对方对安全感有特别需求。再比如，并非人人都需要心理咨询，你需要做的就是普及抑郁的症状、不健康的心理状态对身体的影响等知识。

05

关键词三：坦坦荡荡挣钱

我和我的团队都是极其利他的，有什么给什么、多给、重交付，以至于我们经常超额陪伴客户，很少搞虚头巴脑的营销策略。

在足够的真诚与坦荡背后，我们获得的不仅仅是口碑和转介绍，更是内心的安宁与力量。

06

关键词四：落地

你带着情绪来，我们负责帮助你梳理清楚，最终你带走的是明明白白的落地方案。

你们知道落地的含义吗？写好每一条朋友圈文案，做好每一次分享、每一场直播，以及做好与每个人的一对一沟通。千万不要做只在天上飞的人，只让想法在头脑中转，而是要做你当下能做的每件事情。同时知道怎么落地也是个技术活,欢迎同行交流,我们一定能给你讲明白怎么落地,你会知道下一步应该做什么。

我对好日子的定义是:自由表达爱的能力,有人爱、有钱赚、有事业,而不是活在焦虑中,过着鸡零狗碎的生活。当你陷在这些情绪里的时候,就会觉得生活没什么趣味。我会一直坚守在心理咨询的道路上,义无反顾地坚守这份事业,我们能赚钱,也能修心,在普通又平凡的生活里闪闪发光。只要你需要,我一直都在。

在足够的真诚与坦荡背后，我们获得的不仅仅是口碑和转介绍，更是内心的安宁与力量。

恐惧创伤，爱的疗愈

蔡镁青

- 灵韵静心冥想主理人
- 催眠疗愈师
- 激发孩子学习动力讲师

15岁那年暑假，有个熟人趁我爸妈不在家里闯入我的房间，试图伤害我。在我的激烈反抗下，他逃出了房间。我们家是平房，屋外有很多石头，我高高地举起一块石头，说："你再不走，我用石头砸死你。"也许是做贼心虚，也许是我反应激烈，他走了。看着他远走的背影，我赶紧把门窗关上、锁好，确定安全后躲在窗户下等妈妈回来。结果那个人又回来了，在窗口对我说："你别告诉你爸妈。"听到他的声音，我已经吓得全身发抖，发不出声音了，心里在想：先前的反抗已经是拼尽全力，如果他撕破脸，爸爸又不在家，就算妈妈回来，他那么高大魁梧，我们也不是他对手，我就真的完了。幸运的是，他说完那句话之后就真的走了。

事情就这样过去了，但我的生活发生了一些变化，每天上学、放学的路上，只要是我一个人走，我都要回头看看是否有人跟踪。心里还有个强烈的想法："人比鬼可怕。"后来常常把自己关在家里。发生那件事之前，我对人不设防，像个开心果，在朋友之间聊得很开；发生那件事情之后，我主动和朋友拉开了十米的距离。记得一次和闺蜜逛街，我们在路上碰见一个男同学，大家都说："好久不见，一起聊聊。"我对闺蜜说："你们聊吧！我去外面等你。"然后一个人坐在离他们10米的地方足足等了2个小时，等那个男同学走了，我才去找闺蜜回家。

面对这个世界，我把自己封闭起来，可即使这样，我还是会经常遭遇"咸猪手"。记得第一次坐大巴车去上班时，在那辆大巴车上，唯一的一位男同事坐在我旁边对我动手动脚，我一点也不敢反抗。

这一系列的经历，让我更加害怕外面的世界，更加封闭自己、保护自己。

我是什么时候发现自己问题的呢？

我的孩子 14 岁时，天天和我闹脾气，说同学们都笑他，我把他管太紧了。我回应他："外面那么不安全，我只是让你 7 点必须回家，这有什么错？"孩子写作文控诉，说在家里压抑得喘不过来。我告诉他，现在的社会这么不安全，不把他管严一点，他都活不下去。

一个缺乏安全感并且是超级控制型的妈妈和一个自我意识觉醒的青春期孩子，我俩天天上演争吵大戏。记得有一次孩子"躺平"了，一点点作业从星期五晚上写到星期天晚上，两天两夜就写了 2 个字。看着孩子由一名听话、乖巧、懂事的"学霸"，变成了一名叛逆、"躺平"的"学渣"，对未来的担忧和恐惧彻底激活了我潜藏在内心深处的恐惧创伤。我极度担心和恐惧，整晚整晚睡不着觉，醒来就感觉天要塌下来，每天脑子都嗡嗡作响。如果再这样恶化下去，该怎么办？怎么办？这个孩子就要被我"养废"了！我开始怀疑我是不是有什么问题？问题又出在哪里？

2016 年，我开始寻找一些心理学的课程，让一个把自己封闭了 20 年的人走出去学习，去尝试相信这个世界，非常难，但是我想要改变，如果我再不改变，孩子的一生就会被我毁了。我联系了几位老师都没办法解决我的问题，我封闭自己太久了，太害怕外面的世界，没有一点力量和勇气来面对我曾经的创伤，既开不了口说曾经的过往，又害怕别人不理解。机缘巧合下，我上了吴老师的催眠课。第一天上课时，老师在课堂上给一位恐惧开高速的学员做个案，那位学员还没进入状态，我就已经感受到了强烈的恐惧，"啊"的一声大叫吓到了老师和全场同学。同学们不知发生了什么，但是吴老师看出了我的问题。不过想要治疗好我也不是那么容易，因为我对谁都不信任。老师觉察到我在恐惧的状态下，便向我的组长求助，虽然我的组长是一位男士，但是我在潜意识状态下并不排斥他，这也许是个疗愈契机。于是吴老师就让组长给我做催眠疗愈，组长了解了我的童年创伤后，给我做免疫疗法，突破对异性的恐惧，引导我用指尖触碰他的掌心，我听话照做了。但是在醒来之后我有了强烈的躯体反应，抱着自己的身体，大声呼喊"离我远点"，然后跑进洗手间拼命洗手，仿佛手上沾满了脏东西，要把它彻底洗干净。这次疗愈失败了。

后来吴老师又给我指定一名女疗愈师，在进入催眠状态后，我发现现实和潜意识完全不同。本来以为我会恨那个人，恨那个人让我这么多年这么恐惧世界、这么封闭自己，让我如此痛苦。但是我恨的竟然是我的爸爸，恨他在我最需要帮助的时候不在我身边保护我。在面对那些"咸猪手"时，我恨的是自己，恨我自己的软弱无能，没有站起来反抗。

在后来各种疗愈探索中，我发现我的世界也许不全是灰色，它可能也有其他颜色。

带着这种探索的心去看这个世界，我发现爸爸是如此爱我。我小时候经常肚子痛，打针吃药都无效后，他听信偏方说喝一种树根水可以缓解我的疼痛，可是又担心树根水有毒，每次都要亲自尝上一口，确定无毒了再给我喝。这样一个用生命来爱我的爸爸，如果他在家的话，一定会护我周全。

我发现老公是如此爱我。吴老师曾经说过，一段婚姻要不就是来疗愈你，要不就是让你病得更深。在我身藏创伤的十几年里，老公给了我足足的安全感，每天下班了就回家，如果有应酬也会告诉我在哪里，或者带我去参加；在我和儿子争吵的那几年，支持我学习心理学，疗愈自己。

我发现孩子是如此爱我。他用问题的方式唤醒了我，用他的生命唤醒了我的生命。

当你内心装满恐惧的时候，你的世界全是灰色，感受不到这个世界的爱。当你心中装满爱，你的世界便会五彩斑斓。

回望过去，我特别感恩学习了催眠疗愈。如果没有这段经历，我找不回父母对我的爱、老公对我的爱、孩子对我的爱，也不会拥有幸福的亲子关系和夫妻关系，更加找不回那个眼里有光、心中有爱的自己。爱是疗愈一切的答案。

无 限

当你心中装满爱,你的世界便会五彩斑斓。

可 能

蜕变之旅：探索无限可能的秘诀

贺文华

- 学商训练创建者
- 元催眠技术构建人
- 优势育才导师

夜幕星光闪烁，你是否曾仰望苍穹，渴望触及梦想？每个人心中都藏有一只凤凰，等待涅槃的火焰。因为真正的蜕变，并非肤浅的表象更迭，而是灵魂深处的觉醒与升华。在本文中，我将与你揭开蜕变的神秘面纱，探寻星辰背后的秘密，追寻无限可能。

01

挣脱赌海，重获生命的自由

"人生识字纸牌始"，这话虽有几分戏谑和夸张，却道尽了"字牌"这一纸牌游戏在我的家乡流传之广、影响之深。

昔日，我沉浸于那纸牌的虚幻世界，牌友们视我为"宗师级"的存在。那时，在工作之余，我常邀好友围坐打牌，美其名曰"读文件"。参加工作之初，打牌纯属娱乐，后来有彩头且逐渐加码，输赢从最初的几元，到后来的几百元，甚至上千元。然而，赌海无涯，输赢无常，人在江湖，岂能独善其身？

如《道德经》所言："祸莫大于不知足，咎莫大于欲得。"这赌瘾一旦上身，便如附骨之疽，难以割除。赢了还想赢，输了想翻本，循环往复、欲罢不能。夜深人静之时挑灯夜战，身体与心灵皆受摧残，生活亦随之偏离轨道。

直到一天晚上，小学毕业后到省城读初中的孩子打来电话，那稚嫩的声音中透露出失望与不解："爸爸，你怎么又在打牌？"那一刻，我仿佛被雷击中，心中涌起一股强烈的愧疚与自责。我扪心自问：我究竟在追求什么？这虚无的胜负，难道能给我带来真正的快乐与满足？

于是我下定决心，要戒除赌瘾，重获生命的自由。我深知这非一日之功，需得内外兼修，方可成功。我借助神经语言程序学（Neuro-Linguistic Programming，NLP）技术，深入剖析自己的内心，探寻赌瘾的根源，寻求解脱之道。

经过数日努力，我终于找到了自己的内在，明白了自己内心真正的需求。我告诉自己："我要的不是那虚无的胜负，而是与家人共度的美好时光，是追求知识的满足，是实现内外丰盛的快乐。"

我深知戒赌不易，要经受无数意想不到的考验。这就必须把我心理学的看家本领全部拿出来。我通过内观和冥想，让自己"看"到赌瘾可能带来的巨大伤害，坚定戒赌的决心；同时借助多种心理学技术设置"警戒线""高压线"，进行场景化训练，每次训练后"打破状态"，进行"未来测试"。我仅用一天就完成了所有的干预环节。

此后，无论牌友们如何软磨硬泡，我都坚守初心、不为所动。我惊奇地发现自己竟然可以无条件地、完全地执行自我暗示时的指令："任何时候、任何地点、任何品类、任何人、任何借口下都不参与"。那种心灵的自由与愉悦，是过去在牌桌上从未有过的。我开始有更多的时间陪伴家人、阅读书籍、锻炼身体，我的生活变得充实而有意义。

10多年来，我也用青霉素式的广谱技术，给拥有赌瘾、烟瘾和某些不可言说的恶习、陋习的人以帮助，帮他们解除了痛苦，摆脱了各种"心魔"的控制，重回拥有无限可能的人生。

"人之所以痛苦，在于追求错误的东西。"当我回首往事，深感此言不虚。正是赌瘾让我迷失了方向、偏离了生活的轨道。而当我戒掉赌瘾、重获自由时，我才真正感受到了生命的美好与珍贵。

02

瘦身：炼狱中的修行之旅

在人生的旅途中，我曾是一个轻盈的舞者。32岁的我，体重不过50千克，身姿矫健、步履轻盈。然而，随着岁月流逝，我逐渐在无节制的生活中迷失——胡吃海喝、夜宵零食、静多动少……体重如同失控的列车，一路飙升，直逼85千克。曾经的轻盈与敏捷的身姿随风飘散，留下的只有沉甸甸的肉身和疲惫的心灵。

我曾试图挣扎，尝试用各种方法找回曾经的自己。但每当面对镜子中那个臃肿的身影，我的心就会不由自主地沉下去。瘦！瘦！瘦！这个字如同魔咒一般，在我心中不断回响。我渴望回到过去，怀念那个轻盈的自己。

然而，瘦身之路并非坦途。我深知，这不仅仅是一场身体的挑战，更是一场心灵的修行。于是，我决定将瘦身视为一场炼狱般的修行，用坚定的意志和毅力，去迎接这场挑战。

2021年4月的某一天，我制定了一份详尽的瘦身计划。SWOT分析、甘特图、计划、控制……每一个细节都精心策划。我的目标很明确：六个月内必须将体重减至65千克。

通俗的瘦身虽然就一句话"管住嘴，迈开腿"，但执行起来远比想象中艰难。首先，我必须克服自己的惰性。早上5点起床锻炼，对于我这个夜猫子来说，无疑是一场残酷的折磨。但我明白，只有克服惰性，才能迎来真正的改变。于是，我调整了自己的作息时间，通过自我暗示训练，让自己对晨起锻炼充满期待。渐渐地，晨起锻炼成为我生活中不可或缺的一部分，风雨无阻。在晨风的轻拂中，我不仅享受跑步运动的愉悦，同时还可以听书，用思想滋养自己的心灵。

饮食结构也是瘦身过程中必须面对的挑战。多年的饮食习惯、饥饿感的驱动、美食的诱惑……每一个难题都像是一座难以逾越的高山。但我深知，只有"管住嘴"，控制饮食，才能赢得这场战斗。于是，我重新审视自己的饮食习惯，重塑对"吃"的认知，有觉知地吃，知时知止。对于过去钟爱却又不宜再吃的食物，我通过所学的心理学技术，成功放弃了它们。

除了锻炼和饮食外，我还注重心灵的修行。在这场修行中我需要学会如何与自己的身心相处；如何从每天的行、住、坐、卧、食中觉察自己的起心动念。我通过冥想、禅坐等方式来放松身心、调整心态。我告诉自己：瘦身不仅仅是一场身体的挑战，更是一场心灵的修行。

随着时间的推移，我的身心逐渐发生了微妙的变化。我开始更加关注自己的身体感受，更加珍惜与大自然的每一次亲密接触，更加珍惜与亲朋好友的每一次相聚。我发现瘦身的过程其实是一个身心灵整合的过程，是一个不断超越自我、完善自我的过程。

为了突破瘦身中出现的停滞期，我开始尝试新的运动方式——徒步。我开始了跋山涉水的征途，在山川湖海中穿行。在用脚追逐云和月的日子里，在用脚弹奏山高水长的旋律中，我的心在沉淀、灵在升华。徒步让我感受到了前所未有的自由与快乐，也让我更加深刻地领悟到了生活的真谛。

终于，经过六个月的艰苦努力，我如期达到了目标——体重减至 64.8 千克！当我站在镜子前看到焕然一新的自己时，心中充满了喜悦和自豪。我知道这场炼狱般的修行没有白费，它让我找回了曾经的自己，也让我收获了更多的成长和领悟。我也把瘦身的秘诀分享给朋友，通过心理学技术帮助有需要的人快速达成瘦身目标，让他们重拾健康和自信。

03

同语：悄然改变的艺术

在多年的心理咨询生涯中，我深深感受到，与孩子的互动是一场充满魔力的旅程。一个简单的道具、一个动人的故事、一颗闪烁着神秘光芒的水晶球，都能在孩子心中激起千层浪花，引领他们踏上自我探索和成长的道路。

然而，面对孩子成长过程中的种种问题，许多家长却感到束手无策。如何以孩子喜欢的方式，悄然改变其不良行为习惯，成为每一位家长心中的疑问。经过多年的实践和研究，我打造了一种神奇的工具——同语。

同语是同态体喻象物语的简称，是我多年咨询经验的结晶。它巧妙地绕开孩子意识层面的阻抗，通过孩子喜闻乐见的"童言童语"与孩子的潜意识沟通，让孩子在不知不觉中找到突破困境、走向成长的心灵地图。因其独特而高效，备受孩子喜欢，家长和老师对其推崇备至。

让我通过一个真实的案例来展示同语的魅力。

有一个特别讨厌被妈妈批评的孩子，我为她定制了一个同语故事。在这个故事中，我描绘了一个梦幻的童话森林，森林中生长着一株嫩绿的幼苗。有一位守护者——智慧的精灵，每天都用晶莹剔透的魔法瓶为幼苗洒下甘甜的露水、去除周围的杂草。然而有一天，精灵手持一把闪烁着银光的魔法剪刀来到森林中，准备为幼苗修剪枝叶，幼苗看到剪刀后非常害怕，精灵却温柔地告诉它："修剪是为了让你更加茁壮。"最终幼苗接受了修剪，并在疼痛过后感受到了一种前所未有的轻松和自由。

在这个同语中，幼苗、智慧的精灵、剪枝与孩子、妈妈、批评形成了一个个同态体。孩子听着这个似乎与自己相关却又不完全相关的故事时，她的潜意识会用自己的方式进行解读和吸收。在我用催眠式的语调给孩子讲完这个同语后的一周里，孩子的妈妈告诉我，孩子对妈妈善意的批评不再抗拒和反感。这就是同语的魔力所在——它如同程序员修改电脑的程序一般，精准而高效地改变了孩子的潜意识。

同语的力量不局限于儿童领域。当我试着给高中生、大学生甚至成人编讲同语时，我发现他们也乐于接受这种看似与自己相关却又不完全相关的故事，并从中获得改变和成长。

同语如同一位魔法师用它的魔力影响着我的咨询对象，让他们在故事中悄然改变、渐渐成长；也让参加了培训的家长都能掌握其奥秘，用同语的力量引领孩子走向更加美好的未来。

04
蜕变之旅的启示

蜕变，是一种永不止步的探索。在这场探索中，我学会了挣脱束缚，重获自由；我体验了炼狱般的修行，找回了曾经的轻盈；我掌握了同语的魔力，给众多家庭和孩子带来幸福快乐。然而，蜕变并非终点，而是新的开始。我相信，当夜幕降临、星光再次闪烁时，每一个靠近我的人都能站在更高的山峰上，俯瞰更加广阔的天地。因为蜕变之旅，有我助力。

无　　　　　　　　　　　　　　　　　限

蜕变，是一种永不止步的探索。

可　　　　　　　　　　　　　　　　　能

穿越恐惧，活出自我

张　芳

- 国家级心理咨询师
- 高级婚姻情感咨询师
- 资深家庭教育指导师

小时候我很害怕夏天榆树上吊着的虫子，每每看到，我会着急慌张地跑开，内心对这种绿色的虫子很恐惧，看到它就很担心撞到自己身上，仿佛虫子会跑进自己身体里一样。2024年6月末，我在小区闲逛的时候，又看到一只吊着的虫子，本能反应快速地走了几步后，我又带着觉察意识停了下来，退回去观察这只吊着的虫子。我看到虫子摆动着身体，尾部用力往左摆动一会，然后再往右摆动，仿佛吊着的钢丝绳一般，线在一点一点缩短上升。虫子依然在努力地摆动着自己的尾部，而我内心感觉到越来越平静，仿佛在观察一条在水里游泳的鱼。大约一分钟后，随着丝线越来越短，虫子挨着了一棵树上的一片叶子，至此它的"旅程"结束了。

我的内心对这只虫子充满了钦佩，虽然它不慎从叶子上跌落下来，但凭着自身的力量和不懈努力，最终回到了自己的家园。而我的感情也从对虫子的恐惧转变为感慨每个生命都值得尊重。当我们能够活好自己的时候，才能和周围的环境和谐相处。

这个世界上唯一值得做的一件事情就是成为你自己。了解自己的天赋，了解自己的特质，了解自己的情绪感受、身体状态、需求、应对模式，并调整到自己舒服的状态。只有你自己舒服了，才能在和别人相处的过程中，形成和谐的关系。

我从事心理咨询行业多年，看到很多父母自己的心理状态千疮百孔，却希望养育出优秀的孩子，结果往往事与愿违；看到很多父母在孩子出现问题后担心、着急、失控的表情，真的很心疼他们。在互联网时代，孩子们开始使用电子产品、玩网络游戏，这种不受控加剧了父母们内心的恐惧，因为孩子使用手机不当而发生冲突在很多家庭开始上演。在我接手的个案中——特别是孩子到了青春期的家庭，90%

以上都会涉及电子产品使用的冲突。孩子们手中的手机放大了父母们内心的恐惧。

父母们面对失控为什么会这么恐惧？孩子们玩手机的时间增加，让父母们认为这样会使孩子们学习的时间减少，学习时间的减少等于成绩的下降，成绩的下降意味着考不上好高中，考不上好高中意味着考不上好大学，考不上好大学意味着孩子们没有好的未来。这样孩子们的人生就完了，就会"躺平啃老"，父母们的生活也将一塌糊涂。潜意识中的这些恐惧在孩子玩游戏的一刻就被激活了，于是孩子一拿手机玩，父母的脸色就难看，并对孩子进行各种限制约束，这时在父母和孩子之间关于手机的权力争夺就开始了：父母打骂、摔手机、断网络；孩子愤怒、对抗。孩子玩电子产品会激活父母潜意识中的恐惧，是因为父母潜意识中原本就有很多的恐惧情绪。父母在面对事情的时候容易用负面思维思考问题，让他们的意识变窄，解决问题的能力受限。这时父母就不再是一个成人的状态，不再是以父母的角色去做事情；父母的内在就变成了一个情绪化的孩子，变成了一个要战胜孩子的角色。

在应激状态下父母会变成孩子，是因为父母的内在就不是一个稳定的成人状态，而是一个不稳定的孩子状态。当外在环境负面刺激小的时候，父母内在波动小；当外在刺激变大的时候，父母内在的波动就会变大。父母内在的情绪张力变大，给其身体带来很大的压力，在没有察觉的状态下，就会变成对外在刺激的掌控，掌控孩子玩手机的时间、玩手机的内容等。

是什么导致父母的内在是孩子的状态？父母在成长的过程中有很多压抑的情绪感受和没有被消化的创伤体验，这些被压抑的情绪感受就像岩层一样一层层被压抑下来，储存在他们的神经系统中，在大脑里形成相应的神经回路，当类似的事情出现，大脑被刺激到的时候就会启动自动化的反应模式。

当经常犯错被惩罚以后，就会形成犯错就意味着被惩罚不被爱的信念。当自己做了父母后，面对孩子犯错的时候，这个"犯错就应该被惩罚"的信念（孩童时期形成的信念）就启动了，开始对孩子批评指责以发泄自己的负面情绪。父母这样做会让孩子在面对失误的时候启动恐惧防御，同时也会形成犯错意味着被惩罚不被爱的信念，导致其在面对困难的时候会因为害怕犯错而退缩回避。手机游戏、电子产品是回避现实困难最好的工具。

父母怎么让自己的内在提升到成人状态？

首先我们来看看什么是成人状态，成人状态是遇到事情能够从主体的角度出发，有情绪的觉知，能够自我负责。然后再去看如何调动环境资源来解决事情。

第一步，觉察自己的情绪状态和身体状态。

在面对孩子的时候，首先要觉察自己的情绪状态。当我们在处于着急紧张的情绪状态时和孩子沟通，孩子会处于应激状态，启动防御模式，父母和孩子的互动就变成了敌我关系的互动。只有双方在情绪平稳的状态下相处和沟通，孩子才会卸下防备，愿意表达自己。

其次，父母除了要觉察自己的情绪状态外，还要有意识地感知自己的身体。我们经常讲身心是一体的，一般来讲，容易焦虑的父母，其身体肌肉容易处于紧绷的状态。当我们有负面情绪的时候，去感知我们的身体是否会出现一些不适的反应。这时调整我们的身体姿势，例如张开我们的双肩、挺直我们的背部，胸口有被打开的感觉，身体会慢慢放松下来，负面情绪也会得到一些减轻。

第二步，明确当下那一刻自己的需求是什么。

了解当下那一刻自己的需求以后，先满足自己。如果自己就是太累了想休息，就先休息好再做事情；如果是没有安全的感觉，就选择自己最熟悉的方式让自己感觉安全。例如，有的人看书可以找到安全的感觉；有的人运动可以找到安全的感觉；有的人自己安静地待一会儿就可以找到安全的感觉。选择自己最熟悉的方式让自己回归安全的状态。

如果当下的需求是成就感，那就做一些自己擅长的事情，让自己有成就感。

第三步，调整自己的思维方式。

通常情况下，遇到负面事件的时候我们的本能反应是开启负面思维模式，找到事情中的不利因素，防止不利因素的发展扩大。正是因为我们的负面思维是线性的、分析式的、判断式的，所以会让我们忽略很多事情背后关于人本身的情感情绪及认知等因素。在亲子关系和亲密关系中，只关注事情而忽略人本身会对我们的关系产生破坏作用。

在遇到负面事件的时候，我们可以将自己的思维方式调整为积极正向的智慧型思考方式，看看负面事件除了会带来不利影响，是否会有正向的积极意义，寻找正向资源，把事情往积极的方向推进。

当我们带着觉察意识，觉察自己的情绪、认知和行为的时候，我们内在的不成熟状态才会慢慢解构，才能重构我们的思维方式、提升我们的认知、重塑我们的行为模式。当我们内在的心智模式越来越成熟的时候，面对孩子时才不是情绪化的，而是温情而理性的；面对孩子出现一些行为偏差的时候，我们才能理性地思考原因，不着急干预。当我们处于温情而理性的状态时，孩子在遇到困难面对不了的时候，才愿意向父母求助。

作为父母，当我们真正成为自己的时候，孩子才会成为他自己。

无 限

作为父母，当我们真正成为自己的时候，孩子才会成为他自己。

可 能

成长的力量

郑卡飞

- 国家二级心理咨询师
- 高级家庭教育指导师
- 幸福成长陪跑师

鸡蛋从外打破是食物，从内突破是生命。由内向外迸发才是生命力， 这是我 27 岁才领悟到的人生道理。从那时开始，我向死而生。

27 岁那一年我从被人羡慕的这辈子不愁吃穿的生活里走出来，打破了乖乖女、贤妻良母的形象，被外界定义为门当户对的婚姻对于我而言是那么不堪重负，经济条件还不错的娘家是我想回也回不去的家。我以为离婚就是解脱，殊不知这是让我人生走向痛苦的另一个深渊。离婚之前我有娘家和婆家的光环、依靠和保护，在外都会受到尊重，也没有经历过社会的磨砺；离婚之后我尝尽了世间人情冷暖，过上了过山车般的生活。

离婚的举动在我家人看来是离经叛道，因为离婚的决定我没有跟任何人商量，他们觉得是我无理取闹，有亲人言："你离婚后，以后你旧病复发了谁替你治病？谁管你？你可不要找我们，我们是不会管你的！"那时候我觉得天都要塌了。但以前无数个泪水浸湿枕头的夜晚，诉说无门的痛苦，一次次的妥协，一次次的爆发，在我被丈夫推倒在地，暴怒的他还要往我身上踩，我奋力反抗、完全失去理智跑去厨房拿武器捍卫自己人身安全甚至反击时，我知道我们已经走到了尽头。

哪怕那一次我没提出离婚，可是离婚两个字已经深深地印在我心里，最终还是做出这个对于那时候的我来说非常艰难的决定。我之前还跟朋友放下狠话："在我的世界里只有死和丧偶，没有离婚！"迫使我做出离婚的决定的是我的内心已经千疮百孔，而离婚就是我在黑暗里的自救。我幻想着有家人的理解和支持，却不承想会被亲人看成负担，那时候的我感觉天都要塌下来了。

从小我就养成了替别人考虑的性格，与其说是替人考虑，不如说是讨好别人。我不想连累任何人，可我又无能为力。幸运的是闺蜜收留我在她家住了三个月，那三个月我不用面对外界的指责和抱怨，后来我才明白我是在逃避，离婚也是我在逃避问题。我没有面对和解决问题的能力，对于关心我的亲人，我既害怕被心疼又害怕被指责，我再也承受不了这种冲突对立的生活，于是刻意保持距离，娘家也就成了我想回又回不去的家。

由于自身家庭条件还不差，我从小就是那个"别人家的孩子"，骨子里就有好胜心，加之从小目睹父母经商，也有过经商经验，离婚后的我不甘示弱，寻找创业机会。由于跨业跨界，又没有及时更新、提高认知，加之国家政策有变，结果可想而知，我用运气赚来的钱，又凭实力亏掉了。事业不顺，又得不到家人的认可，因此我的内心特别渴望爱。此时，一个成熟男性出现了，他用了足足半年的时间关怀着我，我被打动了，以为遇到了真爱。他事业有成，年长我十八岁，家人因为年龄这点极力反对，可我却为了所谓的爱情，不惜与父母断绝来往，整整三年没踏入娘家大门，结果被那个男人背叛。更惨的是我卖了一套房，把钱拿去跟他做所谓的投资，结果钱被别人骗走了，这对于我来说就是晴天霹雳，人生再次被"暴击"。那时候我又理解了一句话：当你凝视深渊时，深渊也在凝视着你。

那时的我愤愤不平，只觉得命运不公，为什么四岁多就让我经历姐妹分离、父母离异；在我初为人母时发现患上了癌症；与我青梅竹马、门当户对的结婚对象，却和我整日争吵，甚至对我大打出手；在我做了无数努力、妥协和尝试以改善关系后，还是于事无补；在我全心全意投入事业后又遭遇重重挫折；在我以为遇到了真爱后却发现全是骗局，生活对于我而言就是灰色的。我的前半生似乎都在上演着悲情剧。

有朋友建议我改名字，说我的遭遇都是名字中的"卡"惹的祸，把"卡"字换一换或许就好了。在我心力不足时我确实动摇过，但我知道那不是解决问题的根本。我脖子上的甲状腺癌，一定不是名字造成的，它跟我的情绪有着非常大的关系，我依稀记得生下孩子后我把自己关在厕所号啕大哭，没办法安放无法控制的情绪。当经历了所有的一切后，我知道我不能再怨天、怨地、怨人了，再怨下去，我的人生就完了！我开始寻找回家的路，向内找答案。正是因为学习心理学，我发生了许多变化。我不再嫌弃我的名字，而是给"卡"字重新定义：它是上下连接的意思，不仅可以连接无数人，还蕴含了父母对我的爱和祝福。当我这么想的时候，我发现我的内在是温暖的，是有力量的。我知道了如何去化解和转变。

通过学习心理学，跟着心理咨询师做个案咨询疗愈自我，参加团体辅导和成长小组学习各项技能，我长大了！我知道如何去了解自己和他人；如何建立关系和经营好关系；如何去看见潜意识里的真实自我和与内在的自我对话；如何从过去的伤痛里走出来；如何拿回自己生命的主导权和力量感……

我允许和接纳身边发生的一切，理解周遭发生的人与事，去拥抱自己内在的小孩，学会好好爱自己，做自己内在的父母，从多视角去看待发生的所有事情，我从一个眼神无光、不会笑的人又变回了那个简单、纯粹、天真的女孩，眼神温暖有爱、坚定且富有亲和力。我将过往的经历转化为让自己可以看得更高、更远的垫脚石。

通过十年的持续学习和实践，我发生了天翻地覆的变化，不仅实现了自我疗愈，还考取了国家二级心理咨询师证、高级家庭教育指导师证，还在线上线下做过5000人次以上个案咨询。正是因为自己曾经淋过雨，在通过学习成长一点一点变强后，所以在有能力时也为别人撑起一把伞。

我从过去埋怨孩子的爸爸要为这段婚姻解体负主要责任，埋怨他贪玩没有责任心，到看见自己的问题，承认过去的自己外在强势内在弱小，渴望被拯救、渴望父爱般的包裹以及有严重的托付心理，并且没有经营幸福婚姻的能力和智慧。我们不是没有爱，只是不懂如何去爱，把不恰当的期待投射在彼此身上，背负了不属于我们的东西，又不懂得怎么去沟通、表达，久而久之心的距离越来越远，甚至误解越来越多。我强硬的语言模式和无意识的强势导致对方本能地发怒，我没有活出柔美，不懂示弱，在这段关系里双方越走越远、越爱越伤害，我们都在错爱。我们因爱在一起，因误解和错爱而分开。

现在的我成长了很多，我们依然是朋友、亲人。孩子还特意跟我说："妈妈，谢谢你不断学习、成长。我很开心你和爸爸可以做朋友，我并没有因为你和爸爸的分开缺少母爱和父爱，相反我获得了更多。你们都很爱我，我也很爱你们，我觉得非常幸福！"我很感谢孩子的爸爸现在能够在孩子的教育问题上和我形成统一意见，尊重孩子的成长规律，这是曾经的我们没有做到的。

我跟我的父母也和解了，过去我埋怨他们没有给我们健全的家，以至于我们姐妹分离。现在的我懂得了家庭系统的排列和序位，懂得了自己在家庭中的序位，回到女儿的位置，不站在比父母高的位置去指责、抱怨他们，不介入他们的婚姻，做回女儿的角色后我发现自己更轻松，更能感受到他们对我的爱。

我更理解亲密关系，懂得亲人之爱连着骨穿着心，再爱也要守住边界。我理解了人的复杂性，也能坦然接受分离。我不再向外寻找爱，而是去滋养自己的内在，去感受生活中点滴的爱，正面看待人际关系和发生的事。

对我个人来说，现在的我能够接纳自己和他人的不完美，明白人的一生都是在修行自己，从内去觉察自己的心和念，懂得与这个世界相处。这个世界就是内在拥有、外在显化的世界，所有外在的世界都是由内在投射的结果。我拥有了爱与被爱的能力，知道在心里种下种子，正心、正念、正言、正行、正能量，照亮自己的同时也温暖他人。

  我现在时不时会收到感谢的信息，有孩子感谢我让他们感受到自己是有价值的、是被爱的；有家长感谢我的支持与鼓励让他们的孩子顺利考取理想的学校；有人感谢我成为他们人生的灯塔，让他们重新燃起人生的希望；有人感谢我的及时出现让他们的家庭破镜重圆；有人感谢我陪伴、支持她成长，活出生命的力量，活出生命的精彩；有人感谢我让他充满信心去面对病痛；有人感谢我帮助他制定清晰的人生职业规划；有人感谢我陪伴她在职场中不断获得发展……

  一路走来我很感恩身边遇见的每一个人，是你们教会我成长，教会我勇敢坚强，让我一点一滴进步，感谢这些美好的人和事，让我感受了爱和温暖，传递着正能量；感谢良师益友教会我助人自助；感谢这一路陪伴我、认可我、支持我、鼓励我、滋养我、加持我的人，是你们支撑我走到今天，活出生命的精彩，我会将这份爱和温暖传递下去。

  不轻易去定义自己的人生，也不要被他人定义，我们的人生一定是自己选择的结果。你愿意去看见什么就会成为什么，你愿意去相信什么就会实现什么，你的注意力的方向决定人生结果。成长的力量就在于你可以为自己的人生负责，你有能力让自己的生活过得更好，你能够让身边的关系更融洽和亲密，你可以去实现你的人生理想。你的人生有无数可能性！乾坤未定，你我皆是黑马！

无　　　　　　　　　　限

我将过往的经历转化为让自己可以看得更高、更远的垫脚石！

可　　　　　　　　　　能

黄河之畔，修心之路

大秦总

- 中医皮肤护理专家
- 修心面部瑜伽创始人
- 中国东方文化研究会美育委员会
  面部瑜珈高级教练

每年3月12日的植树节，对我来说意义非凡，因为这是妈妈的生日。小时候别人家过生日做长寿面打荷包蛋，但我们家不是。在20世纪60年代初的大西北，妈妈在自己生日的时候，会给我和弟弟买来传统的发面蜂蜜蛋糕。妈妈说："吃了蛋糕心里甜。"那些年，我们家最甜的蛋糕就是每年3月12日那天妈妈买的蛋糕，那一天也是我们最甜蜜的日子。

随着生活越来越富裕，蛋糕也越来越精致，妈妈却越来越老了。妈妈临终的时候，身患阿尔茨海默病，意识完全丧失。那年3月，妈妈在重症监护室，我、弟弟和弟媳买来鲜花和蛋糕放在病房门口，心里充满着担忧和难过。两个月后，妈妈仙逝了。从此，蜂蜜蛋糕成了思念的饼，黄河之畔有了挥不去的思念。

回想自己的一生，身上的气质性格，做人做事的原则，几乎所有的优良品德都是妈妈教会我的。

我出生在西北那片广袤而雄浑的土地上。黄河犹如一条巨龙奔腾在我的生命中，给予我无尽的力量和深深的眷恋。

我自称大秦总，是"大秦的女人"，我是喝黄河水长大的娃，是黄河母亲的精神滋养了我。

这是一个大秦的女人的故事，充满了坚韧、勇气与爱。我的家庭特殊，既是中医世家，又是书香门第。我的生命中虽然没有父亲的身影，却有三个妈妈——生母，养母和婆婆（我的再生妈妈）。

在我还不到十岁的时候，生活的重担就如一座大山般压在了我小小的肩膀上。十二岁时，我便挑起了整个家的大梁，童年和少年的时光被生活的困苦填满，毫无欢乐可言。那时候的我，心中满是压抑，压力如同巨山一般，让我几乎喘不过气来。

但我就像那西北大地上顽强的野草，无论风雨如何肆虐，都无法将我打倒。二十多岁的我，怀揣着对未来的憧憬和勇气，毅然决然地踏上了前往深圳的征程。

初到深圳时，繁华的都市对我来说是如此陌生。我在一家三甲医院做护理工作，工资微薄却工作繁重，白天我在医院里忙碌地照顾着病人；夜晚，当别人都进入了梦乡，我却奔波在各种培训课程之间，努力提升自己的专业技能。记得有一次，为了参加一个重要的护理培训，我下了夜班后，顾不上休息，拖着疲惫的身躯直奔培训地点。在课堂上，困意如潮水般袭来，我的脑袋就像小鸡啄米一样不停地往下点。老师严厉的批评声在耳边响起的那一刻，我尴尬得恨不得找个地缝钻进去。我强打精神，努力让自己保持清醒，完成了当天的考核，考出了优异的成绩。

在妇幼健康护理领域里，我从最基础的岗位开始，一步一个脚印地积累着经验。记得刚进手术室上班的一个夜班，我遭遇了一次惊心动魄的挑战。那是一个风雨交加的夜晚，医院的走廊里弥漫着紧张的气氛。一位产妇被紧急推进了产房，情况十分危急。我迅速行动起来，准备各种器械和药品，然而，由于经验不足，我的手止不住地颤抖。产妇的痛苦呻吟声让我心急如焚，我努力让自己镇定下来，但心中的紧张却难以消除。在关键时刻，我竟然一时找不到工具，那一刻，我的心脏仿佛要跳出嗓子眼，汗水湿透了我的额头。我在慌乱地寻找着，时间仿佛凝固了一般。好在最后有惊无险，宝宝顺利出生，产妇也平安无事。这次经历让我深刻地认识到自己的专业知识还远远不够扎实，从那以后，我更加努力地学习和实践，提高自己的业务能力。

还有一次，为了给一位产后情绪低落的产妇提供帮助，我亲手制作了一些小道具——形状奇怪的按摩球和五颜六色的收腹带，这些小道具充满了我的爱心和关怀。但当我把这些小道具拿到病房时，却遭到了同事们的嘲笑，他们觉得这些东西太"土气"，就像从农村集市上淘来的宝贝。我的心里充满了失落，却没有放弃，而是耐心地向产妇介绍这些小道具的用途和好处。没想到，那位产妇对这些小道具爱不释手，还到处跟其他产妇夸赞我，说我制作的小道具"土得掉渣，却好用到家"。这让我感到无比欣慰，仿佛自己就是一个被认可的小发明家。

我几乎在医院的每个科室都留下了自己的足迹，新生儿科、妇科、产科、急诊科、皮肤科、外科、口腔科、儿科……每一个地方都见证了我的付出和努力。每当我感到疲惫不堪的时候，我就会想起黄河那波澜壮阔的景象。黄河就像一位慈爱的母亲，在我耳边轻声诉说，给我带来坚持下去的力量。

我的婚姻之路充满了波折。这十几年间，我在婚姻中起起伏伏，时而迷茫、时而困惑。一开始我充满迷茫，不知道未来的方向在哪里，但我没有放弃，而是慢慢地学会了自我救赎，与自己和解。在这个过程中，我不断地认识自己，反思自己的行为和想法。通过婚姻，我学会了宽容、理解和爱。我变得越来越好，越来越坚强。

我与茶也有着不解之缘。我开了近二十年的茶馆，主要卖普洱茶。在茶馆里，我自然地泡着每一杯茶，感受着茶文化的博大精深。我泡茶的手艺越来越精湛，每一杯茶都仿佛是一件艺术品。在泡茶的过程中，我学会了耐心等待，学会了看淡生活中的一切。我明白，人生就像一杯茶，需要慢慢品味，才能体会到其中的苦涩和甘甜。

我还做过 8 年的美容整形专科护士。在这个领域里，我看到了人们对美的追求和渴望。我也开始思考，什么才是真正的美？是外表的华丽还是内心的宁静？通过自己的经历和思考，我逐渐明白了，真正的美是内外兼修的，是从心里透出来的宁静和和谐。

2024 年，57 岁的我退休了。但我并没有选择舒服地安享晚年，而是选择踏上新媒体之路。我深知生活的不容易，明白该追求的不仅仅是外表的美丽，更是内心的安宁。我把道教养生理念、孔子儒家思想、佛教智慧融进修心面部瑜伽，希望通过自己的努力，帮助更多人实现内外兼美的人生。

中年时我经历了离异、病痛和事业的三重压力，心力交瘁。那段时间，我的世界仿佛陷入了黑暗。我一度自闭分裂，白天强颜欢笑，晚上却独自哭泣，生活的压力让我喘不过气来。在人生的低谷，事业的不顺、家庭的琐事就像大山一样压在我的心头。在最黑暗的时刻，是茶和修心佛理、修道引领我走出了困境。国学智慧让我学会了放下执着，以平和的心态面对不如意，重新审视自己的人生，开始新的旅程。

20 年的护士长生涯，我努力提高自己的沟通礼仪。我通过自媒体分享自己的修心体会和成长故事，认识了许多志同道合的朋友。性格开朗的我永远保持着一颗纯粹的心。我喜欢帮别人，用自己积极的态度影响着身边的每一个人。我不仅获得了国内国际双认证高级礼仪培训师证书，还拿过省级、市级演讲冠军，并且通过不断地分享妇幼健康理念，在新媒体健康教育宣教短视频比赛中屡获奖项。同时我也是获得了中国管理科学研究院和中国东方文化研究会认证的面部瑜伽高级教练，更是修心面部瑜伽的创始人。我将国学融入面部瑜伽中，设计出了一套独特的修心面部瑜伽体系。

53岁的时候,我再婚了,找到了那个懂我的爱人。我们一起走过了许多美好的时光,共同面对生活中的挑战。

黄河之水奔腾不息,我的人生也在继续前行。我带着对黄河母亲的永恒牵挂,不断探索,绽放着属于自己的光彩。我用自己的修心面部瑜伽影响着更多的人,让大家在这个纷繁复杂的世界中,找到属于自己的宁静与美好。

"修心疗愈古法驻颜",这八个字是我的口号,也是我的追求。我希望通过自己的努力,能让更多的人受益于修心面部瑜伽,拥有内外兼美的人生。

在未来的日子里,我会用自己的热情和专业去感染更多的人。我相信,只要心中有梦想、有追求,就一定能在人生的道路上绽放出属于自己的美丽。

这就是我的故事,一个大秦女人自我救赎的奋斗故事。

我一直认为,女性的美永远是坚韧、乐观、自信与内外兼修。自然美的真正含义是修炼内心的宁静与和谐,绽放属于自己的光芒。让我们一起跟随东方文化的自然美,走向黄河之畔,走向修心之路的未来。

无　　　　　　　　　　　　　　　　限

黄河之水奔腾不息，我的人生也在继续前行。

可　　　　　　　　　　　　　　　　能

"反骨"女孩的人生三件事

吴 慧

- 养育星球联合创始人
- 思辨情商开创者
- 亲子情商训练师导师

我的人生只有三件事：孩子的事、自己的事和老公的事（排名不分先后）。

你一定以为我是典型的贤妻良母，事实上，我身带反骨。

比如：放弃体制，走向未知（即使家族宗亲给我来了一次"三堂会审"，妈妈要跟我断绝关系）。

比如：放弃豪门，勇敢追爱（我妈的菜刀没"砍"到我，但我的婚姻选择非常不合时宜地对我妈又"砍"了一刀）。

比如：10年前迫不及待逃离教育体系，10年后"自投罗网"跑进教育体系。

比如：明知道一种挣钱更快更多的方式，资源也全部都摆在面前任我挑选，却依然选择一条更难更慢的变现之路。

我脑子没坏，这些看起来不合常理的表象背后，总是有合理的逻辑存在，而我一切行动的根源是原生家庭对我的影响。

我的妈妈急脾气，怕穷，爱唠叨。不过我妈妈也有许多人没有的优点：语言犀利，表情丰富，演绎力十足。

这些优点完美地遗传给了我，但是小时候，它们却使我伤痕累累。

小时候的我是个假小子，爬树、摸鱼、逮青蛙，整天都玩得脏兮兮的，性格很活泼开朗。自从上学之后，尤其是上了初中之后，我的成绩从前端滑到中等，我妈妈就受不了了，看我也越发不顺眼，时不时拿话"刺"我。虽然我不是"玻璃心"的性格，但是因为年龄小和自我认知不足，妈妈的每一句话、每一个用词都戳到了我的心窝上，小小的我就像在寒风中瑟瑟发抖的花，还未完全绽放，花瓣就开始掉落。我变得越来越自卑，性格也越来越阴郁，中学那段时间似乎都有点精神分裂的感觉。和同学们在一起时,我是个爽朗爱开玩笑的人,一旦到家,我就总是低垂着头,用长长的刘海遮住眼睛。而我这种唯唯诺诺的样子又会惹恼妈妈,她的言辞就更加不客气起来,从发型到皮肤,从站姿到坐姿,从学习到生活……我的方方面面都会成为妈妈磨炼语言的阵地,而我的自信也在妈妈的这些言语中支离破碎。

高中住校的时候,每个月放假 1 天,我每次都骑 1 小时的自行车来回。每到放假的时候,同学们都是很兴奋地收拾东西,憧憬着晚上到家能吃到啥好吃的;而我就是愁云惨淡,等到全寝室的同学走光了,还要坐在床边发着呆,直到寝室阿姨来催才磨磨蹭蹭地出门。一想到回家要面对的场景,我总会忍不住泪流满面,直到快到村口了,我才能止住情绪,擦干眼泪,平复完心情,若无其事地骑车回家。

这段成长经历对我的影响一直延续到生了大宝之后。那时候我虽然已经不跟妈妈住在一起,也因为年龄阅历的增长有了清晰的自我认知,可是关于成长的痛苦记忆还是会偶尔走进我的梦中。我常常在痛苦的梦中哭醒,直到泪水湿了枕巾,我才意识到发生了什么,也才深切地感受到,童年记忆对我的影响有多深刻。

当然,现在的我早就完成了这种情感创伤的疗愈,也早就与妈妈和解。我妈妈现在成了我最好的学生,她不仅会学习如何教育好两个孙子,还在学习如何跟爸爸相处,如何让他人感受到愉悦。

我的爸爸也对我影响颇深。我的爸爸是一个老师,教书是一等一的好,就是口才没有天赋。所以在言辞犀利的妈妈面前,他就像装满饺子的茶壶一样,即使憋了一肚子气,也只能自己消化。其实我很喜欢我的爸爸,在我整个成长过程中,爸爸从来没有对我提出任何要求,即使我的表现不佳,他也只是偶尔叹口气,从不过分责怪。在我身处黑暗的那段时光，他看到了我的痛苦，可是他实在是无能为力，因为他也自身难保。

这样的童年经历，让我对温暖的家庭氛围充满了渴望，所以在择偶上最终放弃了在物质方面更优的选项，而是选择了在精神层面更优的一项。虽然一开始我主要是被老公的外貌吸引，但最终决定结婚是因为他家庭有着温和舒适的氛围。

回顾我的前半生，每一个选择都是有原因的，都受到原生家庭对我的影响。这样的影响帮助我完成了人生的拼图，成为现在的样子。

首先是孩子这块拼图，正所谓"己所不欲，勿施于人"，成长经历的影响有可能是深入骨髓的，因此守护我的两个孩子，给他们健康的成长氛围，就成了我非常重要的使命。与其说是我在守护他们，不如说是我在守护小时候孤零零的自己。

语言暴力在我的家庭中是不允许出现的。我从不跟长辈翻脸，因为我的个人素养不允许我这么做，但是一旦涉及孩子的成长，尤其是心理健康，那就是我决不可触犯的红线，即使是我的父母。对此我严防死守，无比坚定。我就像个勇士一般挡在孩子们身前，用坚固的盔甲和锋利的箭矢为孩子们筑起了一道防线。

妈妈也在我的引导和示范下学会了更适合的育儿方式。现在在二宝心目中，外婆是排第一位的，妈妈排第二。很多年后妈妈对我说："唉，你小时候我们要是懂这些，就不会……"那是我跟妈妈唯一一次谈及我小时候的情绪感受时她说过的话。我抱了抱她，我们都知道，事情已经过去了，往后余生我们需要彼此的爱。

我的孩子们在爱的浇灌下茁壮成长，他们阳光快乐、温柔平和，语言总是温暖人心。在我看来，这就是孩子健康成长该有的样子。他们爱的反馈正在一点点地修复我心中的缺口。

可是，守护也需要智慧。因为一不小心，我的盔甲会成为孩子成长的障碍，我的箭矢也会误伤到孩子。真正的守护不仅要小心识别那些来自外界的伤害，更加要小心守护孩子的内心世界。父母可能会成为孩子们最大的风暴来源，这是我在带大宝时察觉到的。因此在我远离教育体系多年后，我再次坚定地走进素质教育，成为一名亲子情商训练师，修习儿童心理学。我选择学习如何正确守护，如何正确去爱。而同时，这样的选择也成了我守护天下孩子的起点。

专业的学习体系不仅教给了我很多应对儿童问题的方法策略，还让我看到了一个人健康成长所需要的养分：接纳、鼓励、引导、支持、认同……而这也催生了我要完成的第二块拼图——妈妈群体。

大多数人是自我的，战胜自我的法宝就是使命感，而使命感的来源可能就是心里的痛被触及以及我有能力做某事。

比如前半生我一直是防御型的人，因此我虽然很能了解他人感受，但是我没有能量去给予他们帮助，只能守护好我的孩子。但是当我有能力守护好我的孩子后，在看到身边其他的孩子处在糟糕的成长氛围中时，我就有了使命感，我要去守护这些孩子。

可是很少有人知道，除了孩子，妈妈也需要被守护。妈妈这个身份真的是给我们带来了无上的幸福和痛苦，这是所有妈妈都深有体会的。但是我们却不清楚我们其实最应该被呵护！

当妈妈没有得到足够的呵护和滋养的时候，我们的内心就会缺乏能量，就可能错误处理家庭中的一些琐事，其中最重要的就是孩子的教育问题以及夫妻关系。简单来说，妈妈的情绪不仅会影响孩子的情绪，也会影响爸爸的情绪。我在处理1000多例儿童问题之后，有个惊人的发现，很多孩子的问题是由他们的主要育养人导致的，这就是我上文提及的父母很大可能会成为孩子成长的风暴制造者。因为目前多数的家庭中都是妈妈在做儿童教育的工作，所以妈妈的行为状态对孩子就有了极大的影响，换成爸爸或者爷爷奶奶，道理也是相通的。

妈妈的情绪对爸爸的影响也不用我多说，虽然很多家庭是爸爸说了算的，但不可避免，妈妈的情绪会影响到爸爸。因此不管是从儿童成长的角度，还是从家庭稳定的角度，或者是从女性的个人需要这个角度，我都认为妈妈的被滋养和自我疗愈是家庭中非常关键的一件事。毕竟不是所有的女性都能不借助外力，实现自我疗愈的。这就让我对家庭教育涉及的范围有了新的认知。家庭教育已经不仅仅指孩子在成长过程中在家庭中受到的教育了，而应该是整个家庭所受到的教育和家庭内各成员不同程度的成长。其中，妈妈的自我成长是重中之重。

所以，养育星球的口号的第二句话就是：遇自己。寓意就是：遇见更好的自己，遇见当初的自己，与那么多的自己和解，走向更好！

我人生中很重要的第三块拼图，就是爸爸群体。

我在这里之所以说爸爸群体，而非伴侣，是基于爸爸这个角色在家庭中的作用。对于女性来说，一起聊化妆品、明星八卦，都不如一起"吐槽"跟老公的关系来得更紧密，实在是"槽点"太多，"槽点"太相同了。在我处理过的家庭教育的案例中，总会听到关于爸爸在孩子成长中不给力的描述，以及因此产生的一些情绪问题。所以家庭幸福是需要爸爸的配合的。当然，如果他们能够牵头成为主力，我相信天下的妈妈都会在半夜笑醒之后，全力配合的。

在我们还没有得到能够半夜笑醒的福利的时候，我们只是希望爸爸们先从好好学习、天天向上开始，乖乖听话，简单照做。

如果我们没有抽到一等奖,有个主动承担责任,为家庭成长掌舵的好爸爸,也没有抽到二等奖,有个乖乖听话、认真配合的好爸爸,而是抽中了入围奖,有个叫了就会答应的爸爸的话,妈妈们该怎么办呢?我们还可以实现良好的家庭成长氛围的建设吗?这是我一直在思考的问题,有没有最简单的方法和操作,可以让所有的妈妈能够在家庭中得到最起码的情感温饱呢?

2022—2023年,我把过往所有处理过的孩子成长问题的案例做了一次全新的整理。通过孩子的表现分析了爸爸和妈妈的心理状态对孩子行为的影响,并根据这个影响尝试去制定父母成长调整方案,其中最重要的就是与爸爸的沟通方案。家庭教育工作者都知道,存在很多问题的家庭中都会有一个装睡的人。我认为,他们有装睡,无非就是因为醒来之后的阻力太大,或者醒来的动力不够。基于这两点,我大胆猜测,所有装睡的爸爸们,一旦找到唤醒他们的那个按钮,其实都是可以被唤醒的。

我把所有的案例进行分析归类,尝试找到不同爸爸被唤醒的那个按钮,并在身边的朋友中进行了小范围的尝试。幸运的是,我们的尝试小有所成,这个小成果让我和我的团队都格外振奋。我们可以试想,如果这样的方案在全国推行,被唤醒的爸爸们将会发挥多么大的能量,被爸爸们撑过的这一片天中将会多么的敞亮和温暖!

走到这里,我所在意的已经不仅仅是我的孩子、我的心灵和我的伴侣。对我来说天下的家庭幸福,其实就是这么简单的人生三件事!

无 限

遇见更好的自己，遇见当初的自己，与那么多的自己和解，走向更好！

可 能

创业是一种信仰

陈桂旭

- 深圳壹澄科技有限公司创始人
- 人工智能人机交互深耕者
- 致力于协助企业通过人工智能降本增效

01
三分天注定，七分靠打拼

天道循环，世事无常，这世间唯一不变的就是变化。

人生如同一条曲折蜿蜒的河流。一路上，有起伏、有憧憬、有失落。一个恍惚，好像过了很多年。

天下再大，不过东西南北而已。一点浩然气，千里快哉风。画卷铺开，波澜壮阔的人生，烟火气都别有滋味。

一个葱油大饼三七分，三分给己，七分给人；三分尊重，七分珍惜；三分认真，七分宽容；三分信天，七分靠自己；三分沟通，七分包容。

慢慢来，迎着光，会有的！

02
苦心人，天不负

从小到大，我是如此庆幸，是如此感恩：有一个母亲会关心呵护我，总担心我会受伤；有一个父亲跟我说"不要怕，往前冲"。每当我疲惫、无助、失落的时候，总会有贵人出现。有收获、有喜悦、有人分享。《易经》有云："积善之家，必有余庆。"

大学像一个耐心的母亲，为我提供了多维度成长理论，教懂了我学习的内涵：学习是学思维，理解行为模式与思维模式。职场是一个严厉的父亲，让我在工作中践行理论：如果犯错了，就要承担后果，最重要的是必须改变自己。

心之所向，无所不成。用我老家的话来说，就是"老爷保号，无事该"。

大学毕业后，我进入了一家地产行业500强的公司负责营销工作。公司理念是"一切以销售为导向，一切辅助营销，一切以结果负责"。这是一家"狼性"极强的公司。

我面试的是策划岗位，入职后却被安排在渠道经理岗位，与杨经理搭档。我作为一个职场新人，面对的一切都是未知，一切都是新挑战。

入职第一天，我同几十名销售开晨会。当天，就被销售问了一串问题："陈经理，你做过地产吗？你卖过房吗？你多少岁？你要开什么会？讲什么？"瞬间，我的整个大脑炸开了。

25岁的我问了营销总监海哥："为什么给我安排这个岗位？我没做过地产，没准备好。"海哥说："我也是这样过来的，管队伍，就是管人而已；你运气这么好，毕业就有了自己的队伍，何乐而不为？"

当时的我面临两种选择：是退缩、离职、换工作，还是迎难而上。

我选择了第二种，年轻人就应该满腔热血，一股脑往前冲，既来之，则安之。人生总是要有经历，回忆才有风景。

我在内心定下了一个目标：两个月建立一个渠道铁军。

一个星期后，我摸清了团队情况。因为同事的基本功参差不齐，有的浑水摸鱼，有的不服从管理，所以我就把团队打散，调整队伍，重新建立分组负责制，考核上岗，从头再来。

第一阶段，首先，我在销售中心旁听销售经理培训，虚心询问老销售关于对接客户的技巧。其次，自己买书回来学习电话技巧、拓客技巧、销售交流技巧，以及房地产基础知识、团队建设、领导影响力等内容。最后，把这些内容系统地做成了PPT（幻灯片）。

第二阶段，我考察了每个渠道同事的工作状况、业绩情况、跟进客户的积极性，做成了系统分析表。团队有数据、有理论、有过程、有指导、有奖励、有惩罚，有源源不断的新人加入，有老销售不断被淘汰，有离职同事的威胁、恐吓……各种艰难险阻都过去了，一个全新的、富有朝气的团队诞生了。整个渠道达到了月度、季度、半年度销售第一。我只能说："埋下种子，就能发芽。"

在此期间，我终于感受到：管理就是管人性。

半年后，一个新转折又来了，我终于如愿以偿转岗策划。起因是两个策划同事因为一个项目压力太大离职了，所以我"光荣"地转岗策划，顶替他们进行工作。作为总统筹，我需要在一个月内策划一场迫在眉睫的影城开业活动，但是，当时工地上还没完成工作，包装没方向，活动没方案。我与策划经理一同商量，在三天内梳理好营销活动主题、营销推广设计、活动现场布置、物料包装、人员架构等内容。各部门分板块进行梳理，制作节点计划并全面推开。最后，活动顺利举办，当场来访数量超过一万人次。活动的成功离不开各位小伙伴的支持。

做精做细是策划的标准。我们对人流动线、停车动线、停车点位安排、物业人数安排、垃圾桶数量与点位的设置、清洁工布点以及人手安排都一一过问，处处落实。

后来进入第二家世界 500 强企业，开启新征程。领导从事地产行业 20 多年，是一部地产百科全书，并且具备海外经历，视野开阔。我们两个人就这样开始干一个项目。在他身上，我学到了什么叫精细化、颗粒化、专业度，什么是"万能的策划"，什么是"既要、又要、还要"。

从拿地、做投资预算到做项目概念图；从做项目利润经营表、成本控制表、财务指标表到风险控制表；从样板房设计到选择天花吊顶材料；从园林设计、选择树木的品种到确定人行道宽度；从营销推广、活动方案落地执行到推文撰写……我一个人干五个人的活，累到下班回家后倒头就睡。

苦心人，天不负。首期、二期，项目开盘即售罄。

在第三家世界 500 强企业工作时，领导教会了我讲逻辑、选趋势。

回忆过往，我取得了不少成果：在房企，操盘过百万平方米的住宅大盘，也操盘过大型商业综合体、TOD（以公共交通为导向的发展模式）等项目；在这个行业，为超过 1 万户的家庭提供了心仪的房子。

常怀感恩之心，感恩人生路上的贵人。一笑出门去，千里落花风。

03
出发是为了更好地回家

得益于工作之余坚持学习提升的好习惯，得益于秋叶老师的社群学习，得益于同学持续和我分享海外资讯，我一直保持着前沿学习。

ChatGPT 的横空出世惊艳了全球，那天晚上我兴奋得一晚没睡。ChatGPT 的问世如同乔布斯发布了 iPhone 4、马斯克发布了特斯拉，这个跨时代的产品引导着未来的变革。

新的行业已升起朝阳，我们需要学习在新的太阳下奔跑。

时势造英雄，如果说曾经的地产给了我机会；那么，人工智能对我来说会是一个新的机会、新的契机。

我、圆哥、王老师三人经过交流，当机立断决定闯入 AI（人工智能）赛道，"三叉戟"组建完成。"壹澄"来了——精一，是一种做事的态度；澄明，是为人处世，君子坦坦荡荡、心如明镜。

转型来之不易，得益于很多朋友的介绍与支持，团队变得越来越成熟。我们与微软小冰合作，正式进入了人工智能行业。

后来团队有了海根（华为技术大佬）、李昂（微软技术算法专家）、丁鑫（技术销售）的支持，中山大学戴教授的理论支持，欣圳科技的 IP[①] 孵化支持，并在倪鹏哥、梁燕师姐、志筑等好朋友的推广支持下慢慢成长。我们内部也曾经有过对项目的争论，但最终也迎来了项目落地，有了自己的硬件产品。

互相信任，比黄金更重要。

04
工作是为了更好地生活

在以往的工作中，我更关注目标和事情的解决方案，很容易忽略了过程。在创业过程中，我学会了关注同事的感受和需求。

一个人或许走得很快，但一群人走得更远。

我对自己说："希望和我接触的人都能够感受到我对他们的关注与在意。""和我接触的人是否有收获"对我来说变得更加重要。

这样的改变，不仅让我工作业绩上升，也让我在职场中结交了很

---

①编者注：IP即知识产权，引申为一切可转化为产品且具有变现能力的智力财产。

多宝贵的朋友。

变化是常在的,我们要跟随规律,随大势。我明白不管是人还是事,都应顺着发展方向而变化。

从前,在面对家人、朋友的倾诉时,我更多会根据实际情况做判断、给方案;现在,我学会了倾听,学会站在对方的角度思考、感受,找到自己内心真正的驱动力,综合各个方面去交流沟通。

每一次蜕变都让自己重新认识自己、了解自己,成为今天更好的自己。

05
写在最后

在成长的路上,我犯过错误,得到过一些果实,也错过了许多事情。但有些事对了,另外一些事错了也没有关系。

听从自己的内心,做出自己的抉择,不要后悔。曾经的经历都是人生珍贵的财富,回忆过去,走到今天,依然永存感恩之心。

也许在世俗的眼光里,有很多事我都没有做到尽善尽美。但是,它符合我内心的抉择,我在过程中学习、进步。

人生的下一阶段,不论鲜花掌声还是荆棘风霜,只要我们愿意,生命中的一切都可以是上天赐予的礼物。我们也可以顺势而为,将其化成一道光,点亮自己,也温暖他人。

如果有人问我,你现在登到大山的哪里了?我会告诉他,我也不知道,这条登山的路没有尽头,当下只管享受两边的风景就好。做人不过是低头走路,说不定哪一天就能抬头摸到天了。

无　　　　　　　　　　　　限

每一次蜕变都让自己重新认识自己、了解自己，成为今天更好的自己。

可　　　　　　　　　　　　能

从小山村到深圳：一名程序员的奋斗与创业之路

吴亚朋

- 深圳搜豹数字科技有限公司创始人
- 16年互联网行业软件开发经验
- 致力于帮助企业实现数字化转型

我叫吴亚朋，是一名来自湖北省黄石市小山村的资深程序员。2011年大学毕业后，我带着满腔热血和对未来的无限憧憬，来到了充满活力的深圳。初到这座大城市，我选择了火车站附近的小旅社作为临时的落脚点，每天只需10元的床位费。我原计划找到工作后再租房，但现实并不如我预期，我在人才市场徘徊了一个星期，仍未找到合适的工作机会。

面对专业对口工作稀缺和企业对员工工作经验的高要求等现实情况，我不得不调整策略，最终通过亲戚的介绍，加入了一位老乡的小公司，担任软件技术支持。这份工作不仅给了我一个立足点，也给了我宝贵的学习和成长空间。在南头城中村租下的小单间里，我和几位同学，白天外出，晚上则沉浸在游戏和编程学习中。

我的第一位老板，不仅给了我工作机会，更像对待亲人朋友一样对待我，为我规划了学习路线，教授了我在职场上的做人做事之道。自学编程的道路并不平坦，我的专业知识与企业应用软件开发之间存在巨大差距，但我没有放弃，而是坚持每天晚上自学两小时的编程。通过视频教程和实践编写代码，我逐渐掌握了开发软件的基础知识。

第二年年初，随着小公司的倒闭，我再次面临求职的挑战。我满怀信心地投递简历，但连续三周的面试均以失败告终，这让我意识到自己的编程基础尚不扎实，面试经验也不足。然而，我没有因此气馁，而是将每次失败的面试作为学习的机会，不断总结、复盘、调整。一个月后，我成功入职了一家医疗软件公司。

在新公司，我发现自己的工作依然充满挑战，任务常常难以按时完成。一次，组长的不耐烦让我开始怀疑自己的能力。在巨大的压力下，我选择了辞职。失业后我经历了一段迷茫期，但最终决定继续坚持编程之路，继续深入学习企业实际应用开发技术。

经过一个多月的努力，我补齐了自己的技术短板，成功入职一家电子商务公司。在这里，我的技术能力得到了认可，处于团队中的中等偏上水平。这不仅让我对自己的选择更加坚定，也激励我继续在编程道路上不断前行。第四年，我成了一家上市公司的技术组长。

我的故事告诉我："天赋不足并不重要，关键在于坚持和不放弃。"通过不断学习和实践，对基础知识的运用会逐渐变得熟练，最终可能会迎来"开窍"的时刻；面对不懂的事情，需要不断思考和练习……这是一个不断积累和成长的过程。

自从正式踏入编程开发这一行业，我发现自己逐渐爱上了这份工作。随着经验的积累，我的工作能力日益增强，不仅能够高效完成工作任务，而且编写的代码也越来越精炼。对我来说，编程就像一门艺术，需要创造性思维。我享受在脑海中构思复杂的逻辑，有时灵感一现，只需几行代码便能解决看似复杂的问题，这种成就感堪比艺术创作。

一次偶然的机会，一位负责互联网家装平台运营的朋友邀请我一起创业，开一家软件公司。我怀着在深圳闯荡的初心，毫不犹豫地接受了这个提议。2014年3月，我和一位学徒开始了创业之旅。然而不久后，我的合作伙伴离开深圳，前往北京，这让我陷入了困境，甚至开始考虑是否应该重新找工作。

就在这时，我遇到了两位合租的技术伙伴，我们有着相似的背景和理想，决定共同创业，于是成立了深圳搜豹数字科技有限公司。经过深思熟虑，我们决定开发一款开源电商系统，立志成为行业领先者。

创业初期，我们面临着巨大的诱惑：一家硅胶公司提出以 50 万的价格让我们开发一个行业平台。但我们很快意识到，这将耽误我们自己的产品研发，背离我们的创业初心。我们希望建立一个有成就的软件公司，而不是仅仅提供外包服务。我们想要有自己的产品和技术积累。

尽管我们的经济状况非常紧张，我甚至靠刷信用卡度日，但我依然充满干劲。在 9 个多月的时间里，我身兼数职，负责系统架构、技术选型、竞品分析、产品规划和核心代码编写。因为热爱和梦想，我几乎没有任何节假日，每天早出晚归，经常加班到深夜。

2016 年初，尽管我们的产品还未完全成熟，但已经引起了市场的关注。我们通过在 QQ 技术群中打广告，逐渐积累了一定的知名度，有人甚至愿意购买我们的半成品，但我坚持不能出售，因为我不想让质量不佳的产品流入市场。这种坚持导致了我和合伙人之间出现了一些争执，但我始终认为，创业不仅仅是为了赚钱，更是为了做出优秀的产品，赢得市场的认可。

我的坚持最终得到了回报：2016 年 5 月，我们的 TPshop 商城系统正式发布，市场反响热烈，收到了大量的好评和积极反馈。我们的产品改变了国内没有开源电商系统的现状，截至 2024 年 10 月，已有近 4000 家企业成为我们的用户。这不仅为我们带来了经济上的收益，也为公司积累了宝贵的经验和资源。2018 年，公司迎来了发展的高峰，年营业额突破了 1000 万元。

随着公司的发展，我们的团队遇到了瓶颈。我们的增长方式过于粗放，缺乏持续的小胜积累，导致团队因保守和自满而变得故步自封。技术出身的合伙人在沟通和组织能力上有所欠缺，团队也缺少激励机制、企业文化和前瞻性规划。2018 年，市场上出现了许多模仿我们的竞争对手，他们复制我们的官网和商业模式，采用相似的推广和社群运营策略，导致市场同质化竞争加剧。

新冠疫情暴发以来，公司业绩持续下滑，2020 年开始每月亏损。我的合伙人们开始感到疲惫，面对行业的不景气，他们考虑放弃。2021 年 3 月，公司面临严重危机，每月需支出 40 多万元，公司资金几乎耗尽，合伙人们不愿承受损失，决定离开，将公司交给了我。我虽感到意外，但对他们的离开表示理解和感激。尽管前路不明、压力巨大，我也从未想过放弃。公司就像我的孩子一样，我必须坚持下去，寻找出路。

那是一段比创业初期更为严峻、艰难的日子，核心团队成员和销售主管离职，客户服务跟不上，新业务量锐减，团队分崩离析。我焦虑紧张、夜不能寐，幸运的是，一个朋友的帮助让我们接到了一个上市公司的项目，缓解了燃眉之急。经过几个月的调整，公司逐渐恢复，2021 年 8 月，技术总监陈露加入，以其全面的技术能力，为我们解决了所有的技术难题。

一位对企业数字化充满热情的朋友一直想与我合作。他认为，缺乏数字化管理思想的企业将缺乏竞争力。企业需要标准化、流程化、自动化来降低成本、提高效率，以及结合行业大数据进行分析才能确保决策的正确性。他们公司尝试了多种软件，但结果都不尽如人意，因为这些软件并非量身定制，而且通用解决方案难以满足他们的一体化管理需求。因此，他决定投资我们公司。

许多公司面临同样的问题：自行开发软件成本高、风险大，而传统软件又难以适应公司发展和市场变化。因此，我们决定吸取过去的经验，重新出发。结合对行业发展趋势的分析，我们认为低代码开发是未来的趋势。低代码平台提供了一种新的软件开发方式，用户可以通过拖放组件来构建应用，这不仅简化了传统的开发流程，提高了开发效率，还降低了技术门槛。

经过两年多的研发，我们的低代码框架即将面市，并且已与企业微信、钉钉、飞书、金蝶、用友等平台无缝对接。在内测阶段，我们已向一些集团客户交付产品，感谢他们的信任和支持。尽管低代码产品在用户体验和界面设计方面仍有提升空间，但我们相信这种创新方式将帮助企业实现数字化管理和市场营销，更快地响应市场变化，提高竞争力。

我们还计划将 AI 技术融入低代码平台，创建一个能够根据用户对话自动生成软件的平台。虽然这听起来很科幻，但我相信技术的发展将使其成为现实。总的来说，尽管低代码产品的开发充满挑战，但我坚信这是公司转型的正确方向。我期待我们的产品能帮助更多企业实现数字化转型，迎接更高效、更智能的未来。

| 无 | | 限 |

天赋不足并不重要，关键在于坚持和不放弃。

| 可 | | 能 |

建立长远、平等、共赢的伙伴关系

詹欣圳

- 引力计划创始人
- 高端商业IP私教
- 百万发售IP操盘手

如何和你的合作伙伴建立长远、平等、共赢的伙伴关系？这不仅是操盘手面临的挑战，也是每一个IP都会面临的困惑。作为一个从幕后走到台前的人，我由一个IP操盘手转变成一个具有影响力的操盘手IP，我想我有些独到的见解可以分享。

我叫詹欣圳，是一家名为"引力计划"IP孵化公司的创始人。过去这些年来，我一直致力于帮助那些有愿力的IP在互联网浩瀚的数字星空中打造自己的影响力，让他们的故事和智慧如北极星般指引影响更多人的生命。

我们不仅仅在互联网上扩大了影响力，也在商业上取得了成果，有些与我们合作的IP已经实现了超过八位数的变现。但这背后的故事并不都是光鲜亮丽的。在与不同的IP合作的过程中，我们经历了风风雨雨，有过激烈的争吵，有过观念的碰撞，甚至有过想要放弃的时刻。但无论如何，我们都坚持了下来。

我想从一个对我有重要影响的IP开始讲起，那是深刻影响着我的人生引路人。他拥有超过30年的丰富经验，是一位在个人成长领域里深具影响力的资深导师。在他的影响下，数万学员得到了启发。他的智慧如同灯塔一样，指引着人们在人生的海洋中找到内心的方向。

他不仅仅是一位导师，更是一个拥有宏伟愿景的生命引路人。他期待通过互联网的力量继续影响更多人，触及更多渴望成长的心灵。当我有幸与他开始合作时，我的心中充满了激动和期待。我坚信可以凭借自己的专业知识和技能，帮助这位我深深尊敬的导师，在互联网上传播他的智慧。

我怀揣着一个宏伟的梦想——通过我们的合作，让他的课程和理念触及成千上万人，甚至数百万人。我想象着我们的合作能够创造出波澜壮阔的影响，像波纹一样在人们心中扩散开来。然而，愿望是美好的，但现实却是残酷的！

在合作的早期，我和我的团队满怀热情与信心投入这场创造之旅中。我们打磨了众多课程，每一个都充满了新鲜的创意和想法。但随着时间的推移，我们不断尝试，却发现成果并未达到我们的预期。逐渐地，我开始质疑自己：我们的努力是否真的有价值，是否真的能够帮助那些我们希望帮助的人？

在这个过程中，我们开始互相指责，对彼此的不满和失望开始浮现。作为IP操盘手的我认为自己很懂互联网、很懂传播，觉得IP做的内容不符合互联网的传播需求，导致不能获得更多的流量。IP对于创造的内容有自己的坚持和理念，我们各有各的想法和坚持，导致项目停滞不前，我们也不知要走向何方。我能感觉到导师对我们的失望——仿佛我们无法帮他实现那宏伟的愿景；而我也感到了一种失落——仿佛我的努力并没有得到他的认可。

在那段充满迷茫的日子里，我不断自问："是我们做得不够好吗？我们的问题究竟出在哪里？"正当我深陷困惑时，我加入了恒星私董会，在那里，我遇到了肖厂长和格掌门，以及其他许多优秀的IP操盘手。我聆听他们的经验和分享，看见了许多成功IP的崛起之路，这些案例如同一道道闪电，给我带来无数巨大的启发。他们的智慧和打法让我开始重新审视我们的项目，我逐渐认识到，我们的努力并非徒劳，我们所面临的不是绝路，而是需要进行打法上和思维上的调整。我开始意识到，我们的项目蕴藏着巨大的潜力。我坚信，只要我们愿意做出调整，我们所打造的课程绝对可以帮助到更多人！

随着思维的转变和认知的提升，我开始调整这个项目的策略，项目也逐渐开始显现出新的生机。我们不再追求那些没有温度的粉丝量数据，而是去吸引真实的学员；我们不再只是简单地推广课程，而是去服务、去支持每个具体的学员。我们的课程变成了学员生活中的一部分，而不再是冰冷的课程。我们开始看到了变化——学员不仅仅是我们的学员，他们成了我们重要的伙伴，他们的成长和变化也反过来激励着我们。我们的心更踏实了，结果也慢慢变得更好了。

我开始认识到，作为一个 IP 操盘手，真正认可一个 IP 的价值是至关重要的。只有当我们真正理解并认可 IP 的价值，我们才能放大其影响力。我调整了自己的内在信念系统，停止了无谓的批评和怀疑。同时，我也意识到，我们不能简单地要求每个 IP 都去迎合当前的潮流或模仿他人的打法，每个 IP 都拥有自己独特的天赋和特质，他们的价值和魅力恰恰在于这些独一无二的特质。作为操盘手，我们的任务是发掘并强化这些 IP 的特质，而不是把他们塑造成市场上的另一个复制品。

同时，我逐渐领悟到另外一个更重要的道理：在任何合作中，改变始于自身。是的，我们总可以先调整自己，这不仅是一种责任，更是一种力量。我学会了站在 IP 的角度思考问题，去理解他们的需求、恐惧和梦想。每个 IP 都有独一无二的故事，每个 IP 的声音都值得被世界听见。我作为他们的伙伴，不再仅仅是传播他们的声音，更是在帮助他们找到自己。

通过自己的引领，我们的操盘手的工作不再是搞流量、做课程，而是变成了一场创造价值的旅程。我们帮助每一个 IP 绽放他们的光芒，这光芒不仅照亮他们自己，也照亮了更多的人。我们和 IP 跨越了无数的困难和阻碍，一起成长。

而我自己也在这个过程中获得了成长。我开始理解，真正优秀的操盘手不仅要陪伴 IP，更要在关键时刻给予支持和鼓励。每当我看到所合作的 IP 因我们的努力而闪耀起来，内心便充满了无比的满足和自豪。这些成就不仅仅属于我，更是我们所有人共同努力的结果。

在那位富有智慧和愿景的导师的影响下，我开始怀揣着一个新的梦想：成为一个像他一样能发光发亮、具有深远影响力的 IP。我决心迈出那一步——从一个幕后的操盘手，站到了闪耀的舞台前，开始打造属于自己的 IP 影响力。

这个转变不仅是一个身份上的跳跃，更是一种内在的成长。我想要扩张自己，从一个 IP 操盘手成长为一个操盘手 IP。我渴望利用我积累的知识和经验，继续去帮助和支持那些拥有宏大愿景的人，帮助他们打造并放大他们的 IP 影响力。

作为 IP 的我站在台前，开始更深刻地理解那些我曾经合作过的 IP 们的心路历程。这个过程让我意识到，做一个 IP 绝非易事，这是一条充满挑战的道路，需要不断地学习和突破。每次直播，每次向世界讲述我的故事时，我都会经历一场内心的斗争。我的每一个字、每一句话，都带着我的顾虑和不安："这样说合适吗？""别人会怎么看待我？"作为一个 IP，我总是在尽力给予别人情感上的支持和价值，但我自己也同样渴望得到团队的支持、鼓励和认可。

同时，我也深深感受到作为一个 IP 对操盘手的依赖。为了将内容做到极致，为了将每一节课程打磨得更加完美，我希望有人能在幕后支持我，处理那些烦琐却必要的运营事务。这让我可以全身心地投入创作中，将我的精力完全集中在传递价值和知识上。而作为 IP，我也在学习如何无条件地信任和依赖我的团队和操盘手。我意识到，一个人的力量终究有限，而团队的力量则是无限的。我们需要建立的不仅仅是工作关系，更是相互支持、共同成长的伙伴关系。

成为 IP 后，我更加深刻地理解 IP 和操盘手之间的关系。我意识到，我们需要的不仅仅是战略和方法，更多的是理解和信任。我开始更多地从 IP 的角度出发，理解 IP 的需要和感受。同时，我也努力向 IP 们展示，作为操盘手的我不仅是他们重要的伙伴，更是他们最坚实的后盾。好的 IP 离不开好的操盘手，好的操盘手也需要好的 IP，IP 和操盘手之间需要建立长远、平等、共赢的伙伴关系，只有形成这样的合作伙伴关系，我们才能一起走得更远。

最后，希望我的故事能够启发和鼓舞那些在奋斗的朋友们。我想说的是："无论你在台前还是幕后，我都期待你能找到那个与你并肩前行的伙伴。哪怕一起犯错，也要一起成长，一起创造属于你们的辉煌！"

无

限

在任何合作中,改变始于自身。

可

能

坚定信念：让老百姓吃到更好的滋补品

张国军

- 某知名阿胶品牌创立者
- 创立国内排行前列的滋补品品牌
- 致力于打造地道的滋补品

01
我是谁，我到底来自哪里？

我叫张国军，是一个来自建筑农民工家庭的"深二代"。我是安徽亳州人，户口本误写为湖南衡阳，在广州医院出生，生活、读书、工作都在深圳。我是一个会讲广东话的安徽人，但来了深圳就是深圳人。幸运的是，我现在有着稳定的事业和一个美满幸福的家庭。

02
我为什么那么早工作？

因为父母下岗，家里拿着低保和救助金生活。为了我读书和生活，父母每天早上4点就起来在小区卖菜、帮人家洗碗。为了家庭和恋爱两边都能有点钱，我很早就在社会实践过。1999年，我在麦当劳打暑假工；2000年，我在深圳东门组装维修相机和贴纸；2003年，我在华强北做电脑装机。不论是赚钱还是养家，我可能都比身边的同龄人开始得更早一点。

03
我的创业是被骗出来的,从高薪到一穷二白

毕业后,我在深圳天际信和科技有限公司找到第一份工作。公司位于深圳市南山区高新区,我上下班来回坐公交车需要 2 个多小时。那时,3G 时代刚刚开始,HTC、诺基亚、摩托罗拉等品牌手机兴起,大家对这个行业充满向往。虽然我多次被淘汰和拒绝,但最终因百折不挠的精神被录用为实习生。当时,我觉得未来的工作"高大上",穿着正式的职业装,走路都带风。

然而好景不长,因为公司项目过于超前,技术实现困难,加上市场接受度不高,研发部的技术开发与市场部的客户反馈之间存在诸多混沌状态,导致公司最终难以存活。但我从这份工作中学到了很多关于市场销售和产品研发的知识:市场营销需要非常高的成本,不如等一件事、一个政策的出现让市场有热度;而创业者需要抓好机遇,趁势追击,快速成长。这次经验成为我职业生涯中的重要转折点,让我明白了创造需求和开发产品不仅需要长期坚持,更关键的是时机。

我在东莞石龙的一个动画制作工作室找到第二份工作。我对动画制作充满热情,觉得能做自己喜欢又能赚到钱的工作是一件多么幸福的事。但工作室月薪仅 1000 元,早餐 3 元、中餐 6 元、晚餐 10 元、房租 1000 元,我还要问家里要些钱才能生活。坚持了 6 个多月后,要过年了,我实在不知道怎么办。如果过年都没钱,就更不要说结婚和未来了。爱好很美好,现实很"骨感",家庭责任需要我承担起来,我不得不重新考虑职业选择。2006 年我离开了动画制作工作室,

重新规划人生方向。这次经验告诉我：如果没有创造金钱价值，我们需要有非常人的毅力才能坚持梦想、保持热情，否则需要现实一些，因为父母、伴侣、孩子都需要你。

2007年，我回到深圳，加入了深圳市德科科技有限公司，主要从事网页制作。这份工作为我的创业奠定了重要的技术基础，如使用 Photoshop 软件进行设计等。我还经历了通宵加班赶项目的时刻，在当时，这些经历都是我全新的体验和认识。我意识到，设计师往往在夜深人静时更能激发灵感，这是我工作方式产生重要转变的节点。我对重要的事情的思考都是在晚上9时到11时左右进行的。在这两年里，我沉淀了一些项目经验，进行了一些好的案例背书。

2008年，我希望自己的收入更高，于是加入了一个网络营销培训公司，后被调到牛商网。当时牛商网刚成立，只有6～8个人。初创公司要做很多前期工作，从0到1，再从1到N，我经历了从无到有的过程。这段经历让我学到了技术、沟通、管理等方面的知识。经历过公司快倒闭，也经历过公司重组，我看到很多成功企业背后持续坚持的时光和信念，也看到很多企业就差最后一段路就倒下了。我明白了坚持、学习与改变的强大力量。

2011年1月，我的大儿子出生，父亲的角色让我明白陪伴与责任的重要性。孩子出生意味着要花很多钱，并且需要更多的时间去教育和陪伴他。2011年底，一位离职的女同事邀我创业，说"市场前景很好，项目有未来，背后有大腕、博士、资本家"，听到这些，我心潮澎湃。一开始我拒绝了，因为当时我每月收入1万元，生活很有安全感，没有太多负担。但后来觉得未来会比现在好，创业做老板是个有前途的事，别人能做成，我也一定能做到。经过多次沟通，我在2012

年 1 月左右离开了原公司，只休息了三天，就投入另一个项目中。

但这次创业给我上了一课，任何没有明确沟通清楚的事情，不能轻易答应与相信。变化太多，没有工资、股份和职位的我被扫地出门。邀我辞职创业的人还说："如果我不叫你出来，你也会自己出来创业的吧？"为了让对方好过一点，也为了给自己留点面子，我回答说："会的会的，不用担心。"但我内心却感觉自己没有了收入，整个人都不好了，心里一直很后悔、很害怕，因为孩子和家庭都需要钱。我完全不知道接下来怎么办，再去找另一份高收入工作也不知道能不能找到，一直困在混沌中。被赶出来的当天，我开始联系朋友，问有没有认识的做淘宝的同事和朋友能够介绍给我。在彷徨了两周后，我决定自己创业，组团队、找办公室、买电脑、弄网络，一切从零开始。2012 年 4 月 6 日，深圳市易乐淘电子商务有限公司正式成立。

04

事业的发展从阿胶开始

2012 年 4 月至 2013 年 10 月，我们的工资从每月 2200 元涨到 4000 元。起初，我们是满怀希望的热血青年，但随着时间推移，我们渐渐开始怀疑自己的能力，焦虑到不敢回家。为了维持公司的生存，我们卖过女包、衣服、路由器和眼镜等各种产品。公司每个月的收入大约为 2 万元，而支出就达到了 1.8 万元，包括房租和人工方面的开支等。每到春节，合伙人和员工都期待着双薪，他们觉得自己的付出应有回报，而公司的钱却所剩无几。碍于面子，我们不敢坦白。那时，我怀念做员工的日子，有稳定的工资、年底双薪和准时下班的生活；但作为创业者，这些都成了奢望。

俗话说"上天关了你一扇门，会为你打开一扇窗"，我们仍旧在坚持，期待最后的胜利。那时，我的孩子才 3 岁，最需要父亲陪伴，因此家里人对我有很大意见，甚至劝我放弃。像许多创业者一样，我不愿轻易放弃。为了工作，我几乎没有时间留在家里，一心想着如何维持公司生存，不断寻找项目和收入来源。在多次打听和交流中，我了解到一款有补血效果的产品，觉得非常好。这是我第一次接触到有补血功效的产品，心中却充满愧疚，记得妻子生孩子时，因产后大出血和地中海贫血，急需好的补血产品。这次就像命中注定一样，让我遇到了这款产品。

我带着使命感，来到 1800 多公里外的山东东阿。当看到产品、了解市场数据和功效后，我觉得它不仅适合家里人，也具有商业价值。尽管合作谈判非常艰辛，但我内心有种渴望——非做不可。经过两周的持续沟通和洽谈，我们终于签订了 10 年的合作协议。我感觉未来充满希望，坚持是有价值的。自 2014 年起，我们重新调整公司方向，专注滋补领域的阿胶产品，致力于成为电商领域的顶尖商家。

05
电商时代的红利与团队的坚持

从 2014 年到 2024 年，公司在这 10 年里经历了电商行业的疯狂发展——"双11""618""99大聚""年货节"等众多电商定义的活动促销，也经历过行业调整、价格战、恶意竞争、职业打假等众多事件。新冠疫情持续的几年，我们和众多公司一样，差点活不下来，我相信大家都深刻地记得其中的辛酸与无奈。有时候，这份记忆好像在脑海里被抹掉了，不敢想起和谈起。在这几年里，有发展好的、倒闭的、坚持到最后的企业，但像我们一样的做滋补行业的企业会看到希望，因为现在的人更看重健康、更看重快乐。我们相信未来公司会更有希望、发展得更好。

06

未来的选择：做加法还是减法

现在的产品非常多，生产通货膨胀，未来的企业应该更专注自己的领域。每个品牌可能会代表一种行业标准或一种产品优势。所以企业做加法还是做减法都与它的发展趋势和当时的政策有关。对于我们公司来说，做减法是对品牌专业度和客户体验满意度的提升；做加法是降低企业发展风险。产品发展方向的选择更重视稳住企业资金流，降低产品周期波动的风险。所以，"做加法"还是"做减法"的选择不是单一的，而是应与企业自己的实际情况同步前行的。未来，我们会培养团队进一步学习并研发新的滋补产品，让更多中国老百姓吃到实惠和高质量吸收的养生产品。

信念改变，结果就会改变。无论做过什么，都是人生最宝贵的经历。

无　　　　　　　　　　　　　　　　　　限

信念改变，结果就会改变。

可　　　　　　　　　　　　　　　　　　能

穿越黑暗,破茧成蝶

周　圆

- 活出青春、美丽、无极限生命的女人
- 身心灵领域的实践者和引路人
- 致力于帮助女性活出幸福快乐

我叫周圆、小圆圆。我希望我可以在 80 岁的时候，也叫小圆圆，因为我可以给大家带来青春、美丽和无极限的人生。

我的名字是父亲取的，他是曾经的上海滩资本家的后代。父亲是长子，当他生了一个儿子，又得知母亲肚子里怀的是女儿的时候，开心得不得了，坐电车都错过了站。他说："一儿一女，人生就此圆满。"

我生长在一个知识分子家庭，从小在上海外婆家长大，上幼儿园时才回到成都和父母一起生活。父母都非常优秀，对孩子的要求自然就很严。但从小到大，我都是一个特别普通的孩子，既没有落落大方，也没有名列前茅，反而时时刻刻躲在角落里，不敢和人交流，内心非常自卑。小时候，我经常莫名其妙地哭，仿佛总是有一股阴郁的力量在压着我。

1995 年，我去英国留学，在英国已经待了十年的妈妈，把我从飞机场接回来的第二天，就把我带到了中国餐馆洗碗。那时，我们都需要打工挣学费，而我也常常被叫作"大陆妹"。可是，当面对这一切的时候，我二话没说，卷起袖子就开始干活，每天半夜回到家里，洗洗干净，继续写作业。在学校开展的一次活动中，我愿意去挑战很少被中国人挑战的餐厅经理的角色，好像我做的一切，都是在不断证明自己。这让我第一次看到自己身上的勇气。

我以优异的成绩大学毕业，回国后和哥哥一起创业做国际教育，从咨询顾问到运营经理，再到分公司经理，我带领团队努力工作，废寝忘食，曾经为了准备 1000 多份签证，每天只睡一个小时。当全体学生都获得签证的时候，我所有的疲惫一扫而光。当时我走在北京嘉里中心外面的马路上，耳边响起的是周杰伦的歌《七里香》，阳光洒下来，我开心得像个孩子。

　　但是好景不长。带着好胜的心，我去挑战分公司经理的职位，却发现我有很多不会的地方——怎样和员工打交道？不会。怎样管理财务？不会。怎样控制每天在报纸上的广告预算？不会。我又不能表现出来，于是每天都在装，心里扛不住就快崩溃了，外表还若无其事开着晨会，害怕别人知道我的无助。终于有一天，我再也装不下去了，疯狂地冲出办公室，来到山上想一跃而下。有这个念头的时候，我被自己吓坏了。后来，我被诊断出了抑郁症，不能继续工作，最后回到北京。

　　这是我人生中的第一次至暗时刻，每天在家以泪洗面，以为人生就此以失败告终。我每天把窗帘拉得紧紧的，不能透出一丝光，我害怕见光，我羞于见光。我害怕面对外界的一切事物，家里的一声电话声都可以让我瑟瑟发抖。那段日子，我好像就任由我的身体坠落，仿佛坠入了谷底，一切就可以结束了。

　　你相信"谷底反弹"吗？在家里待了好几个月后，终于有一天，我受不了自己逐渐肥胖，于是出门跑步。慢慢地，通过运动，我的能量开始恢复，一有能量，内心非常内疚的我就赶紧出门寻找新的工作来掩盖过去的错误。于是，我又回到以前的创业环境中，做互联网教育。可是到了那个难过的点，我依然不行，然后回家，最后又出去创业，开了自己的早教中心，但到了同样的那个点，我又跌落下来，再一次落荒而逃。经过好几次折腾，我的人生彻底"躺平"。

　　还好，孩子的到来让我在和孩子的冲突中再一次看见自己。我学习了《正面管教》，这让我真正从孩子的角度看见自己的内心，看到自己的原生家庭。后来，我又非常幸运地认识了灵性疗愈导师Peter，在他的课上，我曾经多次被抽中当焦点人物，疗愈和爸爸妈妈的关系。我终于明白，这个世界外面没有别人，每个人的潜意识和无意识在创造着他们的世界。

这时，我迎来了我人生中第二次至暗时刻，因为哥哥的生意问题，我们全家陷入了负债的状态，我的人生再也没有退路了。但是我的老师 Peter 帮我疗愈了我和哥哥的竞争问题，仿佛一个藏在身体里的巨大的毒瘤被连根拔起。那是我第一次感受到换个角度看问题居然能够给我带来如此巨大的能量，虽然那时我们还在负债，但是走出教室的那一刻就是海阔天空。我终于明白老天在做什么：它给我苦难，就是为了让我释放出被压抑很久的潜能。

2016 年，我遇到了 JNS，一个全球的抗衰老跨境电商平台。当看到这个平台的使命是"获得健康，重返年轻，释放每个人的无限潜能，并且为世界带来积极正面的影响"的时候，我马上被它吸引。这个平台的产品确实让我在这八年中找到了重返年轻的活力，更是让我通过简单的分享就把市场做到了 26 个国家，覆盖了 1 万多名用户。虽然刚开始的时候，我每天顶着巨大的、被拒绝的压力出门，但是内心不再退缩、勇往直前，不仅赚到了钱，更给自己真正赚到了价值。心理学家阿德勒说："自由就是被别人讨厌。"我非常开心，这八年，我终于在被别人的拒绝中，找到了被别人讨厌的勇气，最终和自己和解，仿佛一个新的我从里面诞生了。

2019 年，是我人生中第三次至暗时刻，这次是与我挚爱的父亲永别。父亲从查出癌症晚期到离开，只有 7 个月的时间，但是我的内心不再恐惧，也没有惊慌，我试图透过他绝望、无助又无能为力的眼神读出他想要告诉我的道理。他的眼神里有一种不甘心：为什么自己一辈子优秀、努力、出色，但最后是以这样的方式离开。一天晚上，我们接到医院的电话，问我们是插管还是不插管：插管，人还活着；不插管，人就没了。我妈妈不舍，当然要留住他。但当我去看他的时候，他用最后的力气，用舌头把那些管子一次次地顶出来。他不要这样的生命，他也在呐喊！我在那一刻，心里非常平静，祝福他到最后一刻。他应该有选择他生命的权利，于是我们选择放手。看到父亲平静离去，我脑海里全是这样的画面：在他最后还有力气笑的时候，我大声告诉他："爸爸，我爱你！"我紧紧地抱住他。这一刻是永恒，因为我看到，他也笑了。这一刻，使命在敲门，这是一种巨大的能量：不是悲伤，不是愤怒，而是一种祥和又非常有力量的感觉，就像《道德经》里写到的"直而不肆，光而不耀"。在医院的最后几天，我总是被这样一股能量深深地笼罩着，我知道要帮助更多的人穿越黑暗、看到光明，活出真正的幸福与快乐，获得有意义的人生！

三次至暗时刻，从深深恐惧、无所适从，到被疗愈、换个角度看问题，我渐渐看到了自己身上的勇气，找到了使命，看到了父亲、母亲乃至祖先身上的特质都毫无保留地遗传到了我的身上。甚至在我的孩子身上，我也能够看见他们的善良、敏悦、善解人意。金钱的能量、创造力、使命和愿景、爱分享、乐于助人……这一切的一切，我都看见了。同时，我父母和祖先们没有活出来的部分，从今往后，我来活出来！活出自己，就是对世界最好的贡献。

我曾经写过一篇文章，叫作《孩子带着我长大》。孩子的到来，帮助我把里面的那个小孩领出来，牵着她的手，带着她慢慢长大。这确实就是我的写照，作为母亲，我现在最想做的就是和孩子一起，重新再过一次人生。古人说："四十而不惑，五十而知天命。"这十年，我经历了人生中最黑暗的时刻，在我 50 岁来临的时候，我拿到了人生最大的礼物——做我自己，做一个美丽的，充满灵性、创造力和使命愿景的女人。

蝴蝶刚刚出生的时候，不知道自己会变成蝴蝶。因为它先是卵，然后是蛹，之后是茧，最后才会变成蝶。当它以为整个世界都要倒塌的时候，突然之间冲破了束缚，变成了五彩斑斓的蝴蝶，自由飞翔在这个世界。

这就是我的故事，穿越黑暗，破茧成蝶的故事。我要清晰地告诉你们："每个人都是一只漂亮的蝴蝶，都拥有无限的潜能，让我们一起穿越黑暗，看见那个闪闪发亮的自己。"我余生的使命就是帮助 100 位女性激活内在的能量，活出青春、美丽、无极限的人生。我希望在 5 年以后，带着这 100 位女性，在地中海的游轮上跳舞，我们疯狂地拥抱在一起，内心充满了激情，为每个人蜕变的人生喝彩。

2024 年，我 50 岁，同时，我也刚刚满 1 岁。每个人都值得拥有一个幸福、快乐的童年，无论多晚。

无　　　　　　　　　　　　　　　　　限

活出自己,就是对世界最好的贡献。

可　　　　　　　　　　　　　　　　　能

再次创造属于 30 岁的
无限可能

笔亲滴滴

- 儿童性教育专业讲师
- 家庭全面性教育指导师
- 她行女性主义组织发起人

我是谁？

我从哪里来？

我到哪里去？

就用这最老套的哲学三问来构建你认识我的桥梁，感谢你宝贵的10分钟。

01
我是谁？

我认同和欣赏我自己。

我相信每个出现在你眼前的人，一定都想展示他最好的一面。我也不例外，但我确实是个挺好的人。至少在社交媒体上这10年，我保持着表里如一，意思就是没有为了创作网友想看到的内容而刻意制造假象。我是个很善良的人，作假会让我心虚，哪怕只是运营老师让我喊一个不起眼的小数据都做不到。可能这就是我不火的原因吧，哈哈哈！所以我值得你认识我、接近我、爱上我！

我是笔亲滴滴（全网同名，几万粉丝，虽然还没有能载入史册的影响力，但只要影响过1个人，就是意义），性别女，粉丝们都亲切地叫我滴滴，现在家长和孩子们都叫我滴滴老师。太多人问我的名字到底是什么意思了，我青春时期的偶像（现在也是偶像，我是会在演唱会大哭大叫的那种中年粉丝）是周笔畅，周笔畅粉丝叫"笔亲"。十多年前需要注册网名时，我就在想我需要推广自己，要能够得到快速的认可。那么，能最快拉近距离的同频网友，就是"笔亲"群体了。现在想想，我还真是有流量思维呢！这个名字，听起来既有个性，又不失分寸感，很符合我"90后"网民的气质。

从我开始创业以来，KOL（关键意见领袖）的属性就很明显。大家都会用几个词形容我——"努力""正能量""漂亮"，至今我都收藏着所有对我表白的短信、微信、朋友圈留言、手写信等，并对其如数家珍。我用心爱着世界，对世界回馈给我的爱，我倍感珍惜。

目前，我的三个标签是小红书博主、育见爱性教育专业讲师（兼家庭性教育指导师）、她行女性主义成长社群创始人。从大学开始，我就不问家里要钱了，所以我做过不同的兼职。毕业后的10年，我经历了"无业游民—年轻人创业—斜杠青年—自由职业"等历史名称迭代。

· 2010年，大学做活动公关和会展中介赚到第一个万元。

· 2013年，赶上淘宝电商的末班车，没有投过一分钱推广做成"皇冠店"。

· 2014年，抓住了微商的风口，带领万人团队做出了三亿元的销售额，见过无数明星，去过十几个国家；最骄傲的事情是自己出钱、出力带父母第一次出国旅行，至今这仍是我们一家人最甜蜜的回忆。

· 2018年，无意中转型为小红书博主，连续发布爆文，短时间内成为珠海头部网红。

· 2019年，女性意识觉醒，疫情之下，我创办线下女性社群，一口气办了30期活动。

· 2023年，看到了性教育的蓝海，我一身才华施展在这件又难又正确的事情上，我停止了一切工作，闭关在家闷头学习、练习半年，才配得上专业讲师这几个字。

我的生命就是用来体验不同的事物带给我的成长，说得好听点是综合能力强，学习又快又好；说得不好听就是"周身刀无张利[①]"。但在这个时代，我这样的生命特质似乎顺应了从过去需要专才到现在需要综合型人才的社会。

- 20 岁的我：外成长、赚金钱、观世界、拼爱情。
- 30 岁的我：内修炼、干使命、攒财富、拼家庭。
- 40 岁的我：到了再说。
- 50 岁的我：希望打造一家私房菜民宿，每天只接待 1 桌午餐、1 桌晚餐，给聊得投缘的人打 9 折。我是主厨和主人，服务员是打工换食宿的各地年轻人。

02

我从哪里来？

我为什么要选择做性教育讲师呢？

我在 20 岁出头时，就花了 2 万元学习来自马来西亚的林文采老师（著有《心理营养》）的萨提亚亲子关系课程，我照见自己的成长经历，明确了做家长是需要学习的，甚至觉得应该先考核通过才能被允许生孩子。28 岁时，在结束了 8 年的亲密关系后，我在痛苦和泥泞中开始看克里斯多福·孟的《亲密关系》，发现了人想要活得幸福，有很多东西需要学习。从那时起，我的女性意识才觉醒，开始看李银河老师的《女性主义》《虐恋亚文化》，以及弗洛伊德的《性学三

[①] 广东话，意思是满身的技能没有一个特别厉害。

论》等书籍。我开始关注性别平等和性少数群体，并慢慢挣脱一些陈腐思想对女性的束缚。

我也在自媒体上做了一些努力：拍长视频帮助女性成长，为少数群体发声。视频爆了一条就以为自己能成为影响世界的 KOL 了，但当时投资方撤资了，团队散了就被迫停止了。直到我了解到中国性教育正在发展，上海有专业的老师和课程，我觉得我一直以来的知识积累和抱负就为了落脚在性教育上！这么多年接触女性成长，我深知改变成人很难，但是改变儿童就有机会真正地改变社会。我找到能发挥我个人价值推动社会进步的支点了！我立刻就交了几万元的学费，飞到最前沿的上海找"中国性教育一姐"学习。做饭，我追求色、香、味俱全；喜欢瑜伽，我就考上高级瑜伽证；选择做性教育，我就要做最专业的……对于认定的事情，我就会愿意付出，并且都要做到100分！

还有一个很重要的原因，我在自己的成长经历里遇到的各种性问题、性经历、性挫折，都由未成年的我独自承担，甚至现在回头看我成年以后的一些抉择，有无助、有无知，这些经历时时刻刻提示我：中国人太缺乏性教育了！像我这种天生自带使命感的人，知道了现在中国性教育发展已经科学、全面、系统，但仍然非常缺乏专业的老师时，我心里的熊熊火苗就燃起来了！成为性教育讲师一定是老天给我派的任务，但想要成为载入史册的人物，就需要杠杆。本文正是其一，也是开端。

性教育比较特殊，在中国的文化环境下，坦然谈性是很难的。虽然学到了知识，但能当众讲出来还是需要脱敏练习的，想要把敏感的东西讲得生动又有趣，那就更难了。所以，我现在是各位的稀有资源了，大家可以联系我，我的授课风格活泼幽默、知性大方、热情投入，并且控场能力强、擅长互动式教学。

03
我到哪里去？

做性教育讲师有什么使命和目标？

我的使命是从教育的角度出发做性教育，帮助中国家庭解决难以启齿的性教育问题，树立科学的性价值观。全国的专业性教育讲师是非常少的，在珠海更是鲜见，我已经发愿在珠海做性教育科普100场，落笔本文时已经完成15场。为了实现我的老师在2050年完成中国全面普及性教育的愿景，我们还在腾讯公益发起了"我从哪里来"的幼儿性启蒙教育公益项目，欢迎爱心人士助力中国性教育普及！

我们学习全面的性教育知识，不仅要了解性可能会给我们带来的风险，还要去了解性可能给我们的生命带来的美好体验和积极意义。一个小小的理念的转变，能够给孩子带来长期的影响。希望通过我们的努力，未来的年轻人看到"性"这个字时，不再觉得"恶心、辣眼睛、害怕"，而是可以联想起"阳光、彩虹、亲密"等听上去就感觉很美好的词汇。

综上，性教育成了当下值得我付出才能和精力的事业。在超过30岁的阶段，我要再次创造属于30岁的无限可能。

04
什么是性教育？

性教育是科学全面的系统教育，而不只是过去的生理卫生教育。目前，国际最前沿的性教育指导纲要提出了"全面性教育"概念，分为八个维度，涵盖性教育的方方面面：人际关系，性价值观、性权利、文化与性，理解社会性别，暴力与安全保障，健康与福祉技能，人体与发育，性与性行为，性与生殖健康。

05
为什么要学性教育？

网络信息时代促使了孩子们性早熟，多元文化的流行让孩子们的性教育变得比过去更加急迫。儿童性侵呈现低龄化趋势，新型性侵案数量猛增，犯罪手段也越来越多样，没有辨别能力的孩子们根本招架不住。《"女童保护"2023年性侵儿童案例统计分析报告》显示，2023年全年媒体公开报道的性侵儿童（18岁以下）案例202起，受害人数517人，年龄最小的不到1岁。在202起案例中表明人际关系的有169起，其中熟人作案141起，占比83.43%。儿童在智力与体力方面处于弱势，"性无知"与"缺乏正向性价值观"的儿童最容易遭受性侵，针对适龄儿童开展全面性教育已经刻不容缓！

06
性教育缺失带来的伤害有哪些？

性教育缺失带来的伤害有哪些？
- 性侵犯：控制不住自身的性冲动，导致性侵、性暴力。
- 性成瘾：长期浏览色情信息，导致看色情信息成瘾。
- 性羞耻：遭受性侵后不敢求助。
- 过早尝试性行为：无法做出理性决策，造成身心伤害。
- 性疾病：缺乏基础的性卫生健康知识，导致身体的疾病。
- 性心理：长期性压抑及相关的精神问题。

无　　　　　　　　　　　　　　　　　　限

我用心爱着世界，对世界回馈给我的爱，我倍感珍惜。

可　　　　　　　　　　　　　　　　　　能

我行故我在，解锁人生的无限可能

戴文静

- 名校海归、多年创业者
- 二胎宝妈、时尚捕手
- 以目标感为内驱力的持续践行者

我今年 37 岁，朋友们会这样开玩笑形容我："学霸""自律达人""做什么成什么""嫁入豪门"等。回顾过往，不管是义务教育的学生时代、高等教育的半社会状态，还是步入职场、经营家庭，每个阶段我都能顺利或者离自我满足感不算太远的关键因素是：目标感和内驱力的自我培养。提到内驱力，我的身体仿佛涌动着排山倒海的"洪荒之力"，内在的小宇宙驱使着我每天看起来都精神饱满、"鸡血"沸腾，用朋友的话来讲就像一个"能量小马达"。

目标无时无刻不存在于我的大脑中。我清楚地记得，应该是从小学遇到我的启蒙老师之后，我就开始培养我的目标感和内驱力了。从那时候开始，我就在使用类似 GTD（把需要做的事情处理好）时间管理的工具来梳理目标了。虽然那时候 GTD 还没有被提出。

小学时期，我的启蒙老师在课堂上听写时说过一句话，"戴文静同学的书写非常漂亮，大家都要向她学习"。从这个时候开始，我就萌生了"哦，我是一名大家要来学习的对象"这个自我定义，也定下了"要让大家来学习我"这个目标。这就是我记事起的第一个目标，也是这样一个瞬间激发了我的内驱力。可想而知，义务教育阶段的我在这个目标的驱使下，成绩也算列前茅。这里还想分享的一点是，在任何年龄和阶段，目标都没有明确的方向和定义。比如说大概是在我小学四年级的时候，我就明白未来想要有所成，不仅学业很重要，对女生来说，身材及形象管理也非常重要，于是我就开始践行早餐吃饱、午餐刚刚好、晚餐八分饱、高蛋白低碳水的饮食习惯，这个习惯我一直保持到现在，可以毫不谦虚地说，后来人的养生概念都是我小时候玩剩下的。没错，这样的自律习惯是我从小学生到现在成为一名二胎妈妈，一直保持着苗条身材的原因。朋友经常问我："当时作为一名小学生是如何能够坚持的呢?"我认为除了内驱力之外,还有一个重要的原因就是吸引力法则。开始是大脑里不断有个声音对我说:"我是优等生,我很好看。"在我努力后,我每天都能得到积极正向的反馈:老师的表扬、同学的称赞……得到这些反馈后我就会更加往这个方向努力,逐渐形成了良性循环,自然就坚持下来了。

还有一件令我很自豪的事是我高考的数学成绩冲上了140分(这是个仿佛高尔夫一杆进洞一样能拿出来说半辈子的开心的事)。在高考填报志愿时,从四线城市"小地方"出来的我,放弃了本省的重点大学,放弃了家人规划好的自动化专业,毅然决定要到沿海城市学习深造,离家越远越好。

而我从中学开始就对国际新闻感兴趣,对好莱坞电影中的情节背景充满好奇,内心强烈的声音是"我要接触更广阔的天地,去学习更多我喜欢的专业知识",而不是"听从安排"。其实我一直都是父母心中听话的孩子,之所以意志如此坚决,说白了就是对于已经确定的这个人生规划并不满意。在我高中时期的目标清单中,清晰地写着:我希望自己未来能够在世界500强企业总部成为高管。显然,父母为我规划的职业生涯与我的3~5年目标清单甚至人生愿景不太契合。最终,我放弃了本省重点大学,报考了广东的二本院校。事实证明,我的选择是正确的。

上大学后,我的人生也真正开启了新的篇章。在千禧年之初,南方和北方同等级别的大学氛围和环境千差万别,各种信息差也是如若鸿沟。我也算做到了增长见识。我在大一入校时就了解到原来出国留学、去国际顶尖名校深造不是梦。我国第一位留学生容闳先生、京张铁路设计师詹天佑、著名地质学家李四光等名人的名校求学经历不再是只能从书本上看到,而是可以通过自己的努力实现。以前在我的家乡,没有留学机构,也没有相关的信息,我身边更是没有留过学的亲人朋友,所以我从未想过这条路径。认知决定思维,思维决定行动,行动决定结果。我以前没有认知,自然没有目标清单。当大家都在忙着适应大学生活时,"出国读名校"这个短期梦想就深深地烙印在了我的内心。从小养成的自律习惯、目标驱使下的内驱力,在这个时刻开始让我享受到了红利。我火力全开,竞选了班长,参加了校学生会、校团委等各种社团组织,整日跟着教授讨论各种商业案例,不断地撰写学术论文,在脚踝骨折不能上课的一个月里完成了一篇关于天使投资的学术论文并成功发表在了国家核心期刊,因此拿到了学术奖学金。这些行为的动力源泉就是为了一份漂亮的申请文书。因为国外名校和中国大学"一考定乾坤"的招生模式并不相同,除了需要优秀的学习成绩之外,还要审阅学生的申请文书(文书可以体现学生的写作功底、性格特点、人生规划、能力与经历等信息)。我的在别人眼里看来丰富多彩的大学生活,其实就是围绕着这个中心目标来执行的。

我的头脑大扫除、1年内项目清单、3～5年目标清单、人生愿景……大概就是在这时候我构建了自己的系统,并且会经常性更新系统并在任务完成后删除动作,这样就可以非常清晰地明确自己的目标并进行时间精力管理。举个例子,大学的我在偶尔无聊放空打开电视或电脑时,消遣的娱乐节目就是新闻频道,换言之就算是在休息放松的时候也是能够间接学到东西并增长见闻的。如果看到我在看TVB(无线电视),不是我真的喜欢看或想要看,而是在学习粤语或是为了增加与人的谈资。现在回想起来,那时候我积极向上到"变态"，不过我也要感谢那时候高要求的自己。就连考雅思我也是早早就上了赛道，同期学习雅思的大部分都是大四的师兄师姐，而我在大二就拿到了 7 分的成绩，QS 世界大学排行榜前 30 名的硬件语言要求基本没问题了。就这样，我在大三前拿到了十多所名校的 offer（录取通知），最后选择了目标清单中的英国布里斯托大学（下文简称"布大"）。

我不了解其他海外学校的情况，但在布大攻读硕士时，虽然学习强度不像哈佛大学那么大，但是每天的课业压力也让我体会到了前所未有的挑战。每天至少 2 杯咖啡的习惯也是在这个时候养成的，不是"品"，而是用来提神去做课题和写论文，所谓的"留学混日子"在我们学校那是绝对不存在的。当然了，以我的"能量小马达"体质，在保证完成学业的基础上，也没少折腾。我在英国的几年时间，可能相当于其他人的 2 倍时间。到英国的第二个月，为了更好地适应和融入当地生活，我离开了宿舍，进入了寄宿家庭。我是个幸运儿，我的宿主爷爷和奶奶刚好是高校的教授，尤其爷爷是牛津大学的教授。经过几年的相处和对我的了解，宿主爷爷曾和我说过，如果我想继续深造，他愿意为我写牛津大学的推荐信。如此大的肯定告诉我：越努力越幸运。

留学期间的经历就不做过多赘述了，有机会我会撰写到其他的书籍里和大家分享那些有趣且有意义的经历。顺利完成硕士阶段的学业后，我也在纠结痛苦中度过了一段日子，最终我放弃了继续深造，听从父母的话回国发展。我按照自己的目标进入了金融职场，一步一个脚印，脚踏实地地前进，并在后来遇到了我的人生伴侣。

不久前我和一位认识了十多年的朋友从马斯洛需求层次理论和认

知的 7 个层次聊到了人生愿景，我说我的人生愿景是"能够在历史的年轮中留下痕迹"，她笑了笑开玩笑说，终于知道我都快中年了仍然这么上进的动力源泉是什么了。

读到这里，你应该能看出，我是个无论学习还是工作都很拼、很能熬的人，小身板下巨大的能量归根结底就是来源于目标感和内驱力。很多人问："怎么培养内驱力？"其实，在幼儿时期由权威人士给出一个肯定和鼓励，在自己懂事或长大后用笔记录下来不断审视和校正的目标以及执行项目清单（长远的、短期的），都是培养内驱力的途径。总之，我们的人生充满了无限可能。只要你有目标，并全力以赴采取行动，收获的一定是酣畅淋漓的人生。

无　　　　　　　　　　　　　　　　限

认知决定思维，思维决定行动，行动决定结果。

可　　　　　　　　　　　　　　　　能

内外兼修，健康无忧

黎 文

- 《金句之书》推荐官
- 中医视力养护者
- 五行经络养生顾问

在这个快节奏的现代社会，人们越来越注重健康养生。但很多人却陷入了"养生迷茫"，不知道该如何下手。作为一名中医养生顾问，我深感责任重大。自2021年起，我运用中国传统医学的外治方法——艾灸与心法相结合，已经帮助了大约100位有缘人从心身两方面养护身体，收获了显著的养生效果。今天，我想和大家分享我的经历、经验和计划，让更多人受益。

01
我是怎样接触到这个方法的

2018年，我很幸运地考进了我们本地的公立医院，但不好的事情随之发生了。我需要日夜颠倒轮值班，导致一周的作息时间全部混乱。不到3个月，我的身体就出现状况了：出现严重崩漏，肝功能异常，造不了血，得了严重贫血。我两次晕倒，第二次正在上班，被医生要求马上到急诊室住院输血，于是我人生第一次体验了急诊室输血。

在急诊室等血液检验、配对、试对、正式输血的过程中，我看到有年轻人、老年人，有想吃吃不了的人、想拉拉不了的人、想吐吐不了的人、想动动不了的人，真的让人心疼。当时，我下定决心半年一过就辞职，这份工作我不做了。当时同事说："因为你身体不好，更应留在医院工作。"但我觉得，留在医院工作并不重要，让自己的身体更健康才是根本。于是，我毅然辞职了。当时，我还有一个想法就是要找到一个安全、有效的方法去养护身体健康，保持生活品质，不用拖累家人。因为身体严重贫血,我吃了大半年的止血药、造血药都止不了血,也造不了血。因为气血濡养不了双眼,我的干眼症很严重,滴了3个月的眼药水后更严重了,眼干到几乎想把自己的眼球抠出来。

一直以来,我都有一个念想:在我身体出现状况时,会有人、有物来帮助我解决问题。

在我最难受时,机缘让我遇到了我的师父,我用他教的传统中医外治方法,花了10天左右就养好了干眼症。我用大概9个月的时间,从最基础的脾胃、气血方面开始进行养护,将四肢冰凉、没有精神的身体,养到脸色红润、整天做事也不会累,将血红蛋白指标养护到了正常范围。

有了这一段经历,我真切体验到,我们的人生存在于宇宙空间,要顺应自然规律去生活。好多现代人都与自然规律相逆而行:日夜颠倒、熬夜、吃反季节食物、欲望过盛等。因此,很多疾病产生了,出现了亚健康状态。在年老时,身体会受到反噬,遭受更多病痛的折磨。

种树和养生的最佳时间,一是十年前,二是当下。我要给大家传播一个理念:年轻不是挥霍健康的理由,养生不是老年人的专利!世上没有一种病是一天迸发的,它可能早已在你身体里潜伏多年。

养生不要等到年老以后,建立正确养生观并及时纠正一些坏习惯,是一种趋势。

02
"艾灸+心法",内外兼修,健康无忧

艾灸是中医传统外治法之一,它通过燃烧艾条对人体特定穴位进行热刺激,达到温通经络、驱寒除湿、调和气血的目的。而心法则是中医养生的重要一环,通过调整心态、舒缓压力、保持宁静实现内外兼修、身心健康。在实践中,我发现艾灸与心法相辅相成,能够产生更好的养生效果。艾灸能够直接作用于身体,改善身体状况;而心法则能够调整心态,提升身体对艾灸的敏感度,让养生效果事半功倍。

有位70多岁的姐姐,来时拄着拐杖,走路不稳,有气无力,便秘严重,长期靠塞肛来排便,血糖指数高,体重偏重,右侧身体从肩到脚长期麻痹痛。她来时背的背包、挂的挎包都挺大的,旁边的人好心提醒她拿少点东西,她立马反击说她升了天的家长都任由她,别人管不着,把人家怼得都说不出话来。

正如中医常说的:"心有千千结,身有千千结。"身体有问题的人,其心理、情绪都对应会有问题的。每次她来做养护时,都是我去梳理、疏导她的卡点。大概过了4个月,她告诉我,她的餐后血糖、体重、排便情况已有改善,手脚麻痹改善了七成,走路也利索了。她对人、对事都看开了很多,情绪平伏了,也很少怼别人了。

这是一个良性循环:身体好了,情绪自然而然就跟着好了;情绪好了,身体就更好了。类似的人和事,每天在我工作室里发生。那些长期靠药物才能入睡的人,一边养护,一边接受心理疏导,渐渐变得越睡越久、越睡越香了。

2021—2024 年，我已经帮助了大约 100 位有缘人通过"艾灸＋心法"的方式养护身体。有的是长期受困于亚健康状态的白领，有的是身体虚弱的老人，还有的是因为各种原因导致身体不适的普通人……通过我的指导，他们学会了如何正确地进行艾灸，如何调整心态保持身心和谐与平衡。他们的健康状况得到了显著改善，生活质量也大大提高。

03
未来三年，培养千名家庭健康守护者

看到这么多人在我的帮助下获得了健康，我深感欣慰。但我也深知，还有更多人需要我的帮助。因此，我制定了未来三年的计划：培养 1000 人成为家庭健康守护者。

可能有朋友会问："普通人能那么容易学会吗？"

当然，中医学习对于任何人来说都是有可能的。我曾经也是一名中医小白，但现在我已经能够通过自己的努力和不断学习，帮助大约 100 位朋友进行养护并改善了他们的健康状况。

我想强调的是，学习中医需要耐心和毅力。中医是一门博大精深的学问，需要不断地学习和实践。如果你有足够的热情和决心，那么你一定能够成功。

在启机课堂上，我们学习了一些关于治疗痛症和视力模糊的手法技术，这些都是中医临床实践中的重要技能。除此之外，我们还深入学习了舌诊和其他中医基础理论知识，这些都是中医诊断和治疗的基

础。通过不断练习并总结经验和教训，慢慢地，你就会发现自己逐渐掌握了这些知识和技能。在学习的过程中，你需要不断地融会贯通，将理论和实操相结合。只有这样，你才能真正掌握中医的精髓。理论学习是必不可少的，但更重要的是要将这些理论应用到实践中去。

那么，如何进行学习和实践呢？首先，你需要系统地学习中医基础知识，了解中医的病因、病理和治疗方法。其次，你可以从自己的家人或朋友开始，尝试为他们的一些小毛病进行养护，看看效果。当你在实践中发现问题时，可以回到书本中寻找答案。最后，互联网上也有许多资源供参考，比如中医论坛、微信公众号、视频网站……这些都是学习中医的好帮手。

经过一段时间的学习和实践，我相信你会有明显的进步和收获。你不仅能够掌握一些中医知识和技能，还可以通过自己的经验和方法帮助更多人解决健康问题，比如普通人经常会出现的咳嗽、便秘、腹泻、视力模糊、膝盖疼痛、肩膀疼、腰疼、月经不调、肩周炎、头痛、头晕等问题，这些都可以通过中医得到有效改善和养护。

只要你拥有足够的热情和决心，坚持不懈地学习和实践，中医小白也能够成为真正的家庭健康守护者。不要忘记保持开放的心态和谦虚的态度，不断学习、不断进步，相信你一定能够成为一名优秀的家庭健康守护者。

这些家庭健康守护者将接受系统的中医养生知识培训，学习艾灸的正确操作方法和心法技巧。他们将不仅能够为自己和家人提供有效的养生方法，还能够向身边的人传播中医养生的理念和方法。

我相信，在大家的共同努力下，我们一定能够培养出更多的家庭健康守护者，让更多人受益于中医养生的智慧。

04 结语

我的师父常说:"得天之道,行天之术。"既然我有缘学到这个技术,那就希望通过我的努力和影响,可以在3年内让1000个家庭心身变得更好,同时也让我自己变得更好。

健康是人生的第一财富,而中医养生则是守护健康的重要手段。作为一名中医养生顾问,我将继续致力于传承和发扬中医养生的智慧,向更多人提供有效的养生方法和健康指导。让我们携手共进,共同守护健康,创造美好的未来!

无　　　　　　　　　　　限

理论学习是必不可少的，但更重要的是要将这些理论应用到实践中去。

可　　　　　　　　　　　能

哪怕脚下路悠悠，人生贵在有追求

黎泳谊

- 珠海市花卉行业协会副会长
- 广东省园林学会插花艺术专业委员会会员
- 美国花艺设计学院（AFA）认证专业花艺师

亲爱的朋友，无论我们是否熟悉，从你读到这一页的时候，我们就已经在这本书的引领下结缘了。

从小我就与大自然的花花草草结缘，奶奶带着我去大自然中采摘药草，父母带着我到田间种植鲜花。年复一年，我一直被花草滋养着。

长大后，我走上了一条与花卉相关的行业道路。从最初懵懵懂懂地开了一家花店，到现在成为一名花艺老师，在这二十载光阴里，我感知到做任何事都不用急、不用怕。小楼一夜听春雨，深巷明朝卖杏花。寒冬过后，春雨会来，杏花自会绽放春光，何须计较与安排？一切将水到渠成，一切又那么自然而然！

传统艺术插花有着深厚的人文、历史文化，博大精深，我在这个领域里不停学习，不忘初心、孜孜不倦地传播这一门优美而富生活情趣和哲理的艺术。

疫情三年的低迷时期给了我一次重生的机会，让我有时间、有空间去了解自己、重塑自己、发现自己。

2021年，我常常想如何把一家花店经营好。受网络的冲击，花店的日常鲜花零售业受到非常大的影响，我不得不改变经营模式。经营得当的关键在于提供优质的客户服务，打造温馨的和以花艺与空间美学为主的生活体验方式，以及创新和治愈的营销方案。我开始改变自己的旧观点，与时俱进。当我沉淀到足够的力量时，命运让我遇到了一个全新的环境和空间。

2023年，我在原有的认识基础上慢慢领悟到：古典艺术插花既是传统的也是现代的；既需要传承，也需要创新。经过多次打磨，我创立了"沁柏四君子古典艺术插花"。

身在欲望横流之河中，我常常会感到身心交瘁，失去自我。而"四君子"所代表的人文精神，像是在这喧嚣世界上的一剂清凉剂，让我在对大自然的感悟中找到属于自己的诗和远方。

"四君子"在春、夏、秋、冬的四季更迭中展现着自己的美，把自己的美无私奉献给大家。我想把有着千年传承的"花中四君子"以插花的形式再次展现出来，传递"四君子"梅、兰、竹、菊的品格。**让我们与大自然保持和谐关系，懂得去享受山水之乐，对花卉植物保持高度的热情和尊重，获得精神上的富足与美感！**

2024年，机缘巧合，我重新去建设了一个有花、有茶、有甜的生活美学空间，我把这个地方叫作"吉大漫"。"吉大漫"这个名字，有其独特的历史渊源和人文背景。原本在明代时，吉大被称为"吉岭村"，村里有一位渔夫，他经常到海边捕鱼，为求平安，他取了海域名称中的"大"字和村名的"吉"字写在灯笼上，合称"大吉"。久而久之，周围的人看到灯笼上的"大吉"二字，就把渔夫称为"大吉人"。古时，读文章是从右往左读的；到了近代，读文章开始从左往右读，最终这个村子就被称为"吉大村"。

如今的"吉大"是指珠海市香洲区吉大街道，这里既有背山面水的自然静谧，又具备富有生活气息的烟火气。凭借核心城市资源、人文底蕴及"九洲美好生活"体系，时至今日，珠海的一群新贵，阅尽繁华仍然情归吉大。"吉大漫"坐落于九洲港客运码头边的青蓝山庄内，闹中取静，静中有趣。山不在高，有仙则名；水不在深，有龙则灵。"吉大漫"在保留花材元素的同时，更增添了几分对家的向往——这是一处让人在快节奏的生活中感受到温暖和静谧的生活美学空间。

如今我钟爱品茶、插花，每一件花艺作品与每一杯茶水都承载着岁月的醇厚与智慧。我沉醉于花香与茶香之中，关注花与茶背后的文化与精神，在有质感的人文空间里，寻找着心灵的慰藉与升华，让每一个瞬间都充满诗意与雅致。

世界再大，终归吉大。尽管世上有无数美丽的风景和诱人的目的地，但最终吸引我的，让我感到有归宿和满足感的，还是这个熟悉的地方。这里有我成长的记忆，我在这里生活、学习、工作。我不再为自己曾经走错的路后悔，每一步都是自己烙下的印记。

台湾作家林清玄曾说："插花是'绝地逢生'的事。"择一城，寻一处归属，如寻觅一份终身艺术陪伴自己，愿梅、兰、竹、菊"四君子"能让我成为最真实的自己。不仅让花滋养我，我也滋养花！

如今，我左手花、右手茶，两手相握是我幸福、完整的诗意人生。当我重新审视自己，摆脱眼前局限的纠缠，我将获得另一个更为广阔的格局和人生体验。

无　　　　　　　　　　　　　　限

当我重新审视自己，摆脱眼前局限的纠缠，我将获得另一个更为广阔的格局和人生体验。

可　　　　　　　　　　　　　　能

写给未来的自己

梁秀喜

- 全服管理咨询创始人
- 健康纳税倡导者
- 马拉松爱好者

亲爱的秀喜：

在 95 岁生日这个重要的时刻，我很开心见到你！孩子们都成家立业，像小鸟一样飞出去了。你静静地坐在客厅的沙发上，优雅、得体、自信、美丽，肌肉饱满，皮肤白皙，略显富态的身姿，那么得体，让很多羸弱的老太太们仰望。看到你这个形象，我哭了，因为这就是 52 岁的我想要在 43 年后成为的样子，你完全达到了！我亲爱的秀喜，我好想抱抱你！

此刻，时光倒流。

今天，南柯一梦已经结束，我经历了婚姻、家庭、生子，经历了创业、退休和不甘心，坦然地说，即使此刻死去，我已经没有什么遗憾了。

夜深人静的时候，我内心深处总有那么一团火在静静地燃烧。它像个小虫子，让我不能真正地平静、平息。我心中的那个高光时刻，我在等你，让我凤凰涅槃！

每一个平凡的灵魂，来到这个世界上都是那么有意义！我出生在一个乡村医生之家。爸爸聪明能干，我庆幸遇到了懂营养的爸爸。在那个贫瘠的年代，我经常能吃到小鱼、小虾，也能吃到猪骨头、猪内脏等食物。现在想来，那时猪的内脏应该是最便宜的猪的部位之一吧。

我小学一年级的老师是陈三妮老师，按照辈分算，我该叫他姐姐。所以，我在学校外叫她三妮姐，在学校里叫她陈老师。从我大姐到我弟弟，她差不多教过全村的人。很遗憾，我们现在没有联系了。是什么原因阻止了我们联系呢？是对现状不满，还是觉得自己不能衣锦还乡？或许两者都有吧。

初一时，我失去了全班第一的优势；初二时，我曾抄过同学的作业；初三时，我却突然"逆袭"。这缘于那个我一生都不能忘记的下午。

一天下午，我妈妈外出，我去镇上接她。到了指定的地点后，我却没有接到她。在回家的路上，我碰到了我的同班同学宋春惠，就问她为什么她要在星期天去学校。春惠告诉我，在这里学习比在家里的学习效果好。原来秘密就在这里！

那个时刻，我仿佛大彻大悟了。此后，我周六、周日也回到学校学习。我把初一到初三的课本全部从头到尾学了一遍。我在学数学的时候，用本子或纸遮住答案，把例题、习题一个个做完。现在，这个方法成了我教育小辈们的"真经"。学英语是"题海战"，当时有一个英文周刊，每次做完题目，我都把它背下来。现在我才知道，那叫"习惯用法"！

就是凭着这股拼劲儿，我中考时竟然考了365.5分（分数线是365分），进了舞钢市第一高级中学，也是重点高中。这个情况是我和爸爸没有想到的，在我们那个时代，考上了高中，就意味着我能考上大学；而考上大学，就是"鲤鱼跳龙门"了。

填报志愿时，我特别想进师范学校。那个时代，有个名词叫"小中专"。考上了小中专，就意味着你已经从农村变成城市人，可以不用在农村种田了，你的命运也就改变了，因此我填上了舞钢师范。但爸爸想来想去，很慎重地说："还是上高中吧。"我理解爸爸，他觉得做老师没有出息。在农村家庭里，种田下力气要男人，有女孩的家庭是会被人欺负的。我们家有四个女孩，弟弟在1979年出生，是家里唯一的一个男孩。村里居住，田里种田，爸妈吃了很多的苦，他们希望我们能出人头地，靠读书改变我们的命运。成年之后看《平凡的世界》时，因为有过同样的经历，所以我理解路遥先生。

高中时，因为听不懂课程，又要拼命地提高成绩，我甚至想如果不睡觉，就可以有时间超过同学们。我悄悄买了一个手电筒，晚自修后悄悄在被窝里多看会儿书。有一次学校查宿舍，因为晚上点蜡烛，我被查到了，第二天被罚站在教室外。因为这个体罚，到现在我都对母校没有什么好的印象。毕业后，我只和我的历史老师杨老师有来往。在舞钢市第一高级中学时，没有被关注、被鼓励，一直是我的一个遗憾。

高中时我是英语科代表。早读要用录音机，于是，从来没有用过录音机的我拼命地让自己记住哪个是暂停键，在同学们跟读后，我才能开一次声音，再读一个词，我继续按暂停。我每次都害怕按错，很紧张。在音乐课上，我一点儿基础也没有，也不懂怎么唱歌，每次唱歌，我都把教音乐的骆朝彬老师急得不得了，他问我以前是不是学过唱戏，唱歌有河南豫剧拖腔的感觉。到现在，我依旧不会唱歌。不过，最让我自豪的是数学。我严格要求自己，搞"题海战"，一本辅导书往往从头做到尾。那个时候，数学的满分是 140 分，高考时我拿到了 120 分，是全班第一。

高考后，我和爸爸在家里商量怎么填报志愿，现在想来，有知识的家长在设计孩子的人生，我现在的人生就是被我的爸爸和我设计出来的。我们文化水平不高，也不知道请教村里一些在外工作的人员，就报了河南商业高等专科学校的财务专业，一家人开开心心地等着录取通知书。

这是一个农村孩子最真实的命运！按照当时的成绩，如果报一个政法类的中专，中专生也可以被分配到公检法系统，也就是走现在考公的路；另外一条路就是，找一个好的本科学校里的大专，以后还可以专升本。但这些我们都不知道。没想到的是，到了毕业分配那年，我们不知道当公务员和打工有多少区别，我就自己找到了烟草局的工作。

在烟草局里工作时，我先是在烟站收烟，然后被调回烟草专卖局做会计员。四年之后，我去中共中央党校成人教育学院上了本科，那时我是奔着中共中央党校的党史研究生去的，可两年下来，我忘记了我的方向，两次研究生入学考试都没有全力以赴。当时，因为没钱，又不想向爸爸低头，我就没有继续复读。老大年龄了，也没有对象，回原单位又觉得没面子，那就去南方打拼吧！

单身久了，又没有人追求，慢慢地，我就相信了自己的丑和不被人喜欢。有一段时间，为了避免尴尬，我刻意隐瞒，告诉别人我的对象在远方。而理想中那个高大、威猛、有文化素养的男生，却一直没有到来。也就是从那个时候开始，我心里一直有一个像白雪公主一般的人。当我看自己的照片时，总能对比我的平凡，意识到她的美。以至于在别人介绍对象时，我宁愿先和对方聊天，希望我能用才华先征服对方。

这种状态一直持续到几年前，我学习了心理学，刻意地接受自己的美。我试着调整，把那个公主赶走，感觉到自己有些进步，偶尔也会欣赏到自己的美，但自信却一直没有完全展现，没有几张照片能够让我大胆地发朋友圈。

2024年6月7日是我52岁的生日。晚餐后，我翻看照片，突然觉得自己有个神态和我心里那位被赶走的公主有点儿像，但一时又说不出哪里像！天哪，难道我就是那个公主？那一刻，我笃定我就是自己心中的那个公主，我就是自己的公主！我的女神回来了！我终于找回了我的公主！

终于结束了强迫我接纳自己美丽的时代！那天晚上，我铭记在心。同时感谢这两年跟大宝老师的学习，让我收获到我自己！这一天是我的转折，还好，我等到了！

折磨了我几十年的公主就是我自己，人生还有什么大不了的？

来时，一句话："不就是没有全力以赴吗？"

归时，百分之百，全力以赴我的梦！

感谢这个生日，在未来的43年里，你做到了。

晨曦中，有你绚丽、轻盈的舞姿；马拉松赛场上，你是稳稳跑到终点的女神；普拉提后，有你充盈的肌肉。你用自己的努力，练出了坚实的肌肉、稳健的步伐，活出了行云流水的人生！

通过三年的付出，福建德尔上市成功，孵化中的企业正在茁壮成长；55岁时，你打造了自己的财富帝国。后来，你慢慢地退出了管理，带着活泼可爱的孩子们旅游，陪伴他们成长，开启人生的另一个世界！

2024年，我见证你做到了读书、写字、种花草、听雨、观云、品酒茶！

谢谢你，我亲爱的秀喜！

无 限

每一个平凡的灵魂,来到这个世界上都是那么有意义!

可 能

生命之美在于无限可能

梦 希

- 组织与人才发展教练
- 盖洛普优势教练
- 国家认证职业生涯规划师

"生命之美在于无限可能。"这句话是我的座右铭。

但在五年多以前,我一度认为,我的生活就这样了,一眼就能望到头:按照父母设定的路线,在体制内安稳地工作,每天处理门锁报修、收发信件等琐事,尽快生娃,再没什么其他的可能。

外人看到的是我一直以来耀眼的学习成绩、一丝不苟的工作态度、稳定发展的成长路径,却不知那时的我已陷入崩溃的边缘。每天上班,我的情绪极不稳定,时而觉得自己可以完全驾驭目前的工作、年年绩效优秀——挺好的,不焦虑啊!时而觉得,我的人生真的要消耗在这些重复、单调的事上了吗?我真的有在创造价值、实现自己的价值吗?在无数个下班的路上和夜里,我哭泣、辗转难眠。

01
从成长到陷入困境

这一切是怎么发生的呢?故事要从最初讲起。

我来自四川省凉山彝族自治州的一个贫困山区小县城,从小就被教育成一个"乖乖女"。小时候家里很穷,父母教育我要好好读书,去更好的城市,改变命运。于是,我从小就努力学习,成绩名列前茅,喜欢主持、演讲,屡次被选为学校活动主持人、展览室解说员。

小学时,我经历过校园霸凌,椅子被涂胶水、桌子里被放臭气熏天的烂包子、高分试卷被篡改、被造谣诬陷等。我忍了2年多没告诉任何人,每天埋头苦学。最终,班主任发现端倪,事情真相大白,误会解开,同学道歉和解。我也因成绩优秀被保送中学。

高考填报志愿时，我想填报法律、新闻专业，但父母坚持认为经济管理类专业未来好就业，最终我考进了名校的经济管理类专业。因为没有进入喜欢的专业，整个大一我都不开心。但我不敢停下努力的脚步，仍然让成绩名列前茅，竞选为班长、学生会宣传部干事、校报记者，获得了国家级、校级、学院级奖学金，被评为优秀学生、校级优秀毕业生。

即将本科毕业时，我有留校保研的资格。父母希望我保研，将来留校，但我还想去见识更大的世界，于是我到英国攻读硕士。因为知道这笔昂贵的费用对于我们家庭意味着什么，知道我放弃的是父母看来最安稳的生活，所以我下决心，一定要学出个样子！

我刻意要求自己少用中文，克服跨文化、跨语言的挑战，选择和英国、美国、德国、墨西哥、斯里兰卡等不同国家和地区的同学组成小组，每天从早上8点忙碌到半夜1点。为了节省生活费，我坚持买打折菜、自己做饭、中午只吃最便宜的三明治。

听起来好像我会一路高歌猛进，站上人生新巅峰了，然而现实总是骨感的。在高压力、高强度学习和营养不良下，我病了，无法进食和入睡、全身皮肤过敏，差点休学。医生说我是心理压力过大，加上饮食、休息不足，导致了消化系统严重紊乱，他给我开了药，让我多放松休息，定期复查，配合心理压力疏解治疗。最终，我以优秀的成绩从这所英国红砖名校毕业。

回国正式求职时，经历过英国的种种，父母再不愿意让我远行打拼，强烈要求我到离他们较近的省会城市，进入体制内，结婚生子，过普通女孩的平凡生活。这一次，虽然内心向往着"北上广"的外企，但面对妈妈的眼泪、爸爸深沉威严的目光，我通过校招进入了省会城市的世界 500 强国企。

入职后,我一路从一线人员成长晋升为大客户经理、新业务管理,再到中台管理 HRBP(人力资源业务合作伙伴),担任过各类活动的主持人、解说员,代表公司参加外事活动、接待数位外国首脑,获得了集团和省、市公司领导的认可和关注。

为了能经常练习英语,我加入了当地最有名气的中英双语俱乐部,通过中英文演讲获奖数十次,还从会员竞选为副主席,带领俱乐部取得了多项荣誉,一些会员也慕名请我辅导英语学习。

就这样,在外人看来一切顺利的我来到了本文一开头无比痛苦的时候,没人知道我即将开启人生新的可能。

02

破局

痛苦使我不断思考和寻找解决方案,进入了职业生涯规划的圈子。

通过学习,我明白自己遇到了职业倦怠。但功不唐捐,我得相信我所付出的一切,努力做好的每个细节、每件小事,都是有价值的!**我应该找到自己的优势、走出自己的路、哪怕带着遗憾、哪怕道路蜿蜒曲折!**

我开始反思总结工作中有哪些细节是可以改进的,小到公文错别字、标点符号,减少公文退文率,提升效率,大到健全各类工作制度,实现闭环和结果"靠谱"。刚好部门经历了两次整体办公场地的改造与搬迁，由我统筹整个项目。因为装修改造快、搬迁效率高、造成的负面影响小，还在不同区域设计了企业文化墙，这个项目得到了领导和同事们一致好评。他们觉得场地方便好用、安全温馨，我也感受到了工作的价值。

通过和领导的沟通，我把学到的职业生涯规划知识融入了平时的人力资源管理工作中，包括谈心谈话、活动策划、绩效管理等。后来，部门经历了大型组织架构调整，我运用所学知识提出建设性意见，制定方案，领导采纳率近100%，让我以最高的效率具体细化并落地。

我还通过了公司的内训师选拔，参加了年度规模最大的内训师比赛，顺利从全省700多位选手中脱颖而出，赢得了大赛第2名，被评为"十佳内训师"，送往复旦大学研修培训。

我想帮助和我一样遇到职业困惑的伙伴，于是组织实施了"迷你职业生涯规划初体验沙龙"。大家反馈收获很多，50%的伙伴找我进行了付费咨询，以更好地解开他们的职业困惑、更好地规划未来发展路径。

从此，我开启了我的职业生涯咨询师、教练之旅。我不断学习、考取认证、实操练习、接受资深前辈督导，近6年来投入的学习费用达六位数，"学习+实操+督导"超1万小时，在生娃的头几天还在做咨询、写报告。无数个周末和夜晚，通过一对一咨询辅导、沙龙、工作坊、演讲、企业培训，我帮助了超过1500名伙伴找到了真正适合自己的职业方向，改善了职场人际关系，找回了工作动力，完成了职业转型，发掘了天赋优势，培养了核心竞争力，实现了职业晋升，做到了工作、带娃、自我成长的平衡……

我的咨询好评率达到了 98%。不少来访者不仅会激动地为我写下大段好评，高频提及词是"亲和专业，逻辑清晰，温柔坚定"，还会为我介绍想做咨询的朋友。

我还被古典老师及团队选拔为新精英职业课程的创始团教练（全国仅 21 位），又从中被选拔为第一期课程教练（全国仅 10 位）及助理导师（全国仅 3 位），并荣获了"优秀教练"荣誉称号。

接着，陆续有管理咨询公司邀请我成为它们的特聘人力资源管理、职业生涯规划顾问，为它们的客户公司总经理、HR（人力资源）总监、业务经理等高管层开展职业生涯规划、员工驱动力激发、核心人才留存的课程。

再然后，我升级成了一名幸福的宝妈，决心一定要成为闪闪发光、让女儿骄傲的妈妈。在产假结束重返职场时，还在哺乳期的我获得了互联网头部在线教育企业 HRBP 职位的橄榄枝。这一次我异常坚定，顶着父母公婆一开始的强烈反对和后来的万分担忧，带着老公的全力支持，鼓起勇气跳出体制舒适圈，实现了第一次跨行业转型。面对企业文化等一系列挑战，我迅速融入、超额达成业绩，在国家"双减"政策袭来时，还有效支持了 150 人的团队。后来，公司在强大的政策压力下难以为继，我站好了最后一班岗后，默默签署了自己的协议。

当时的我，本以为离开体制迎来了新的阶段，结果却急转直下，在不到一年的时间里就遭遇了裁员。父母不忍和我谈论太多，但他们的眼神仿佛在说："你看，我早就说过外面的世界很危险。"

体制外的汹涌浪潮让我深切感受到了巨大的落差，那时的我站在了重要的岔路口：是退一步回到体制内重新寻求安稳，还是继续在大海中遨游，探索更多可能性？如果再经历这样的浪潮，我是否还有心力去面对？

思考了千百遍后，我仍然想要寻找生命的更多可能。

功夫不负有心人，不到一个月，我就获得了行业内顶级管理咨询公司的 offer，实现了第二次跨体制、跨行业转型。入职后，因表现突出，我仅用 2 个月就升为项目经理、新人导师，4 个月就带团队操盘超百万元项目。至今我已牵头或参与了省、市、县各级别人才发展、组织发展项目 50 多个，受到了客户和公司的高度好评。

03
未来

一路走到今天，我人生的使命愿景已勾勒出一幅美好的画面：我愿做一位用生命影响生命的咨询师、教练，自主、自信、自由，在阳光和煦的咖啡厅、在明亮温馨的教室、在充满野花小草清香的庭院、在抬眼望见大海的房间……做咨询辅导、讲课、主持沙龙、组织有创意的活动，见很多人、帮很多人。

帮助谁呢？

· 想培养核心竞争力、实现升职加薪，却不知如何行动的你。

· 想带好团队、提升业绩、实现高目标，却欠缺方法的你。

· 成功晋升，却无法适应新任管理岗位的你。

· 和父母感情牵绊太深，在很多选择中没能遵循自己内心，最终被困住的你。

·深陷无价值感、在人生重要的岔路口不知该如何选择的你。

·无数次想实现转型、跳出舒适圈，却没有勇气、迷茫纠结的你。

·不知该生娃还是该升职的你，或无法平衡工作生活的你。

·想成为让孩子骄傲的妈妈，却不知道努力方向的你。

·深陷人际关系烦恼的你。

·想寻找生命的更多可能性，却不知道该从哪里找起的你。

希望我能帮到更多这样的朋友，尤其是女性，带你们找到自己的优势、价值感、未来方向，改善人际关系，收获幸福家庭与成功事业，感受生命、生活的美好，活出无限可能的自己！

无　　　　　　　　　　　　　　　　　　限

感受生命、生活的美好，活出无限可能的自己！

可　　　　　　　　　　　　　　　　　　能

坚持让我看见更远的光

汤宜蓁

- 珠海启智托管创始人
- 高级家庭教育指导师、学业规划师
- 小学一级语文教师,深耕教育教学行业30多年

在 20 世纪 70 年代，有一个女孩诞生在潮汕地区一个偏远农村的贫困教师家庭中。这个女孩名叫汤宜蓁，从小她就生活在朴素而简单的环境里。虽然家里经济条件拮据，妈妈是名家庭教师，爸爸是个工人，但爸爸妈妈孝顺、正直、诚实、积极向上的优秀品质一直给予了她无尽的精神滋养。这个女孩就是我。

由于家庭贫困，我从小就懂得了生活的不易，看着父母为了生活辛勤付出，自己也就早早学会了懂事和分担：4 岁开始会晒稻谷；6 岁开始会做手工活；上学后，每天早上天还没亮就提着一桶脏衣服到河边洗完再吃早餐去上学，放学后也会主动帮忙做家务、帮爸妈照顾年老的奶奶。

尽管生活艰苦，但我对知识充满了渴望，深知只有通过学习才能改变自己和家庭的命运。因此我在学校里努力学习，成绩一直名列前茅，然而，命运似乎总是在考验我，我的中考成绩过了中等师范学校分数线，却由于种种原因没被录取。面对挫折，我灰心、消极，我退缩了，决定去工厂打工赚钱，补贴家用。

哥哥在同一年考上了哈尔滨船舶工程学院，村里的乡亲们也为我们感到高兴和自豪。然而，父母要供哥哥读书很难，东拼西凑了两千多元给我哥哥作为一学期的生活费，已经没钱给我读书。在潮汕地区重男轻女的现象是很严重的，但在我们家却不是，哥哥在临走前塞给了我四百多元，并叮嘱我一定要去读书，不能去打工。而他自己却为了省钱给我读书，买了站票到哈尔滨。我当时感动得哭了，心想：我一定要好好努力，不辜负哥哥对我的期望。

在开学一周后，我又踏进了学校的大门。我更加努力学习，一边利用课余时间去做各种手工，赚钱补贴家用，一边还帮妈妈做些力所能及的家务和农活。

时光匆匆，我凭借着自己的努力考上了理想的大学后，依然勤奋刻苦，积极参加各种实践活动，不断提升自己的能力。毕业后，我顺利地进入了一所学校成为一名教师，就像妈妈一样。因为受妈妈的影响，以及对教育行业的热爱，我用善良、热情激励着学生们，告诉他们只要自强、自立，就没有克服不了的困难。那时候，我碰到了一个特殊的孩子，他来自我任教的第一届，很调皮，上课不听讲，下课又打架，作业不完成。通过家访，我了解到他的家庭很特殊：爸爸有精神病，妈妈不喜欢他而喜欢妹妹，他从小到大都是爷爷奶奶养大的。这个孩子属于天不怕、地不怕的类型，爷爷奶奶也管不住他。80多岁的老奶奶步履蹒跚地来到我办公室，请求我的帮助，希望我能帮忙管教她可怜的孙子。

20岁的我听了，觉得这是我教书育人的本分，当场答应了奶奶的请求。我了解到他过早失去了父爱母爱，是生活的不幸让他变得任性妄为，仿佛成了一艘迷失在茫茫大海中的孤舟，找不到方向。所以他在学校里总是调皮捣乱，不听老师的话，时常扰乱课堂秩序，与同学的关系也很紧张，经常与别人打架，用不羁的行为来掩饰内心深处的伤痛和孤独。从那以后，我对这个孩子关爱有加，开始尝试用各种方法来管教他，课后找他谈心，耐心地倾听他内心的声音，让他知道有人在乎他的感受，理解他任性背后是对爱的渴望和对关注的呼喊。我给予他特别的关注和鼓励，当他取得一点点进步时，会毫不吝啬地表扬他，让他体验到成功的喜悦；引导他学会控制自己的情绪和行为，教给他正确处理问题的方法；通过一个个生动的故事和例子，让他明白什么是对、什么是错。

在我的支持关爱和耐心教导下，这个孩子逐渐感受到了温暖和希望，他开始慢慢改变，收起了任性妄为的一面，变得更加懂事和乖巧。

他开始努力学习，积极参与班级活动，与同学之间的关系也得到了改善。他也终于明白原来世界上还有人愿意为他付出，愿意帮助他成长。

这个孩子也很善良、懂感恩。记得有一次下大暴雨，发大水了，我们都住在学校的宿舍里，我听到外面有人在喊我。我打开门一看，是这位四年级的孩子。他满身湿透地站在我的眼前，手里捧着一条刚刚抓到还在动的鱼，说："老师，发大水了，我怕你没有吃的，刚抓到一条鱼给您送过来！"听到孩子这番真诚的话，我感动得眼泪都流出来了，觉得我那段时间的付出没有白费，曾经迷失的孩子终于找到了属于自己的道路。他开始绽放光芒，学习态度变好，学习成绩也慢慢提高了。之后他去当兵了，现在在广州做生意，并且还有一个幸福的家庭。我用充满爱心和智慧的方法，让这个失去父爱母爱的孩子重新找回自我，走上了正途。在这个过程中，我看到了教育的力量，也看到了热爱、坚持的力量。它们足以改变一个孩子的命运，让他的人生重新焕发出光彩。

30多年的教育生涯，我遇到了很多有着看似相同又不同故事的孩子，我也用这种方法去关心、帮助这些需要帮助的孩子，用爱为他们点亮未来的希望。

1999年7月，由于与我先生结婚，我带着满腔的热情和憧憬来到了充满机遇的、美丽的珠海市。那时的我们一无所有，只有一颗不甘平凡的心和对白手起家的坚定信念。

我在珠海市的第一份工作是在私立学校当老师,同样怀着对教育的热爱,我将我努力的汗水挥洒在这片土地上。可是私立学校的老师工作量与公立学校不同,城市与农村的作息时间也不同,我尽量地去适应,坚持了一年。2002年我的宝贝女儿出生了,我每天清晨都早早地起床,为家人准备好早餐,轻轻地亲吻还在睡梦中的孩子,然后赶去学校。我总是带着满满的热情走进教室,认真对待每一堂课,耐心地为学生们讲解知识、解答疑惑。无论是调皮的学生还是乖巧的学生,我都一视同仁,用爱引导他们成长。

下课后,我又匆忙赶回家中,因为孩子还小,需要我的陪伴和照顾。我一边陪着孩子玩耍,讲故事,一边利用空隙时间准备晚餐,让家始终充满着温暖的气息。尽管有时候会感到疲惫,但当看到孩子纯真的笑脸时,我觉得一切都值得。

在家庭中,我也努力维护着和睦的氛围,与公公婆婆互相理解,认为他们是来帮我的忙,从没有要求,只有感恩。当遇到分歧时,我们会心平气和地沟通,寻找最佳的解决方案。

然而,生活总会给我带来挑战和磨炼,2003年婆婆中风生病了,我的孩子也生病了。我不得不辞掉我热爱的工作,全心全意地陪伴家人。经过8个月的努力,婆婆的病渐渐有了好转,回到老家了。2004—2006年,我又进入了珠海市公立学校代课,重回教师岗位让我很开心,因为我真的热爱教育事业。但由于种种原因,我又主动辞职了。

我很感恩我的贵人邹局长,在我准备重新找工作的时候给了我指导,他敏锐地洞察到学生托管行业的潜力,让我毅然决定投身其中。起初,一切都异常艰难,资金匮乏、经验不足、家庭压力……我面临着重重挑战，但是我没有退缩。

　　凭借着顽强的毅力和对教育事业的热爱，我不断学习，一点一点搭建起自己的学生托管事业。从简陋的小屋开始，我精心布置每一个角落，努力为孩子们营造一个温馨、安全、舒适的环境。为了吸引学生和家长，我还用心制定完善了托管服务流程，慢慢将一家只有19人的托管机构做到现在有4家托管机构的连锁规模。我还很关注孩子们的学习辅导，结合我在学校十几年的教学经验，努力让每一位孩子养成良好的生活、学习习惯，让每个孩子来到我的托管机构——启智都能有不同程度的进步，并拿到结果、受益终身！此外，我还注重孩子们的兴趣培养，在2024年申请了教育部门颁发的书法、美术、编程的办学许可证。

　　在创业的道路上，我也遭遇过无数的困难和挫折，有竞争对手的压力、家长的质疑、突发状况的考验、家庭矛盾的纠结。但我始终坚守着自己的初心，坚守对教育事业的热爱，用爱和责任对待每一个孩子。

　　启智秉承"助学生成长，为家长解忧"的办学宗旨，以"一切为了孩子"为教育理念，以"安全第一，用心管理，用爱呵护，用情育人，关注成长，养成习惯"为使命，为学生提供一站式服务，深受家长的信赖和学生的青睐。启智的总部中心面积有七百多平方米，环境优美舒适、整洁卫生，菜品丰富美味、膳食营养均衡，注重培养孩子良好的午餐、午休习惯及生活能力。启智根据孩子的特点量身定制学生教育成长方案，取得较好的教育教学成果，形成良好的口碑，是托管行业的佼佼者。因此，越来越多的家长放心地把孩子送到启智。

　　由于家长的信任和支持，2012年我建立了第二个校区仁恒校区；

2018年我建立了第三个校区海湾校区；2024年第四个校区白莲校区也成立了。启智的规模不断扩大，服务质量也一直在提高，还有一支很优秀、负责任、有爱心、有耐心、有责任心的教师团队，我们每周定时组织老师教研，不断提高老师、员工的专业水平。我也打造出了一个备受认可的学生托管教育品牌。

多年过去了，我见证了一届又一届的宝贝们在这里快乐成长，改善了学习态度，收获了知识，养成了懂礼貌、懂感恩的品质，启智真正做到了"为家长解忧"。托管中心已然成为孩子们的第二个家，而我自己也从一个一无所有的创业者成长为行业内的佼佼者。多年来，我既帮助近万个家庭解决了后顾之忧，从而稳定了家庭，也收获了事业，还把自己的孩子顺利地送进大学。

回顾这30多年的历程，我感慨万千：我感谢珠海这座城市给予我的机遇；感谢上天的眷顾；感谢一直支持我的家长和孩子们；感谢启智的姐妹；感谢曾帮助过我，让我进步，让我更加坚强、成熟的家人、朋友、老师们；更感谢我自己从未因为困难、挫折、伤心而放弃的坚持。我知道，未来的路还很长，我将继续带着这份热爱与执着走下去，在学生托管、学业规划、家庭教育的领域里不断前行，为更多的孩子创造更好的成长环境，更好地帮助到需要帮助的家长，续写启智的辉煌篇章。

无 限

教育、热爱、坚持的力量足以改变一个孩子的命运，让他的人生重新焕发出光彩。

可 能

亲爱的十年后的我

郑　雅

- 澳门亲子财商作家
- 某金融保险集团财富管理总监
- 身心灵成长导师及人生教练

今天，我坐下来给你写这封信，心中充满了难以言喻的喜悦。你是否记得，在过去十年里那些令人难以忘怀的转变？你是否记得，在我们人生的旅途中，那刻骨铭心的十年以何种力量重塑了我们的世界？

还记得十年前的我吗？那时，我勇敢地承担了单亲妈妈的角色，与那个3岁的小家伙相依为命。回溯过去，我惊讶于自己不仅在这场无依无靠的奋斗中站稳脚跟，还亲眼见证了儿子从一个晚发育的孩童，蜕变为如今这个自信满满的13岁少年。

二十年前，我涉足澳门，踏上了那条孤独的道路。而十年前我面对单亲妈妈的重担，没有亲人的慰藉，没有依靠，只有我自己。在这个异乡的天地，我依靠自己的坚强和智慧，一步步将儿子抚养成人。他曾是一个晚发育的孩子，如今却在学业和品性上都远超同龄孩子，这份成就令我无比自豪。

正值青春期的他和我之间没有反叛或冲突，只有浓浓的爱和深深的理解。陪伴他度过这个充满挑战的时期是我幸福的使命。我作为他坚强的后盾而存在。

在追忆过去十年的点滴时，同样令我骄傲的是事业上的成就。七年前，为了能够有更多的时光与儿子相伴，以及给自己留出更多的时间让体力和心灵恢复平衡，我选择成为一名财富管理师——那是一份我所深爱的职业。

我的初衷很简单——帮助他人达到财务自由。没想到，我很快就研发了一套独一无二的财务自由规划系统，这套系统体现了我的决心和对金融世界独到的理解。利用这套系统，我帮助客户勾画出达成财务自由的蓝图。如今，这套系统历经长达七年的考验后，依旧有效。

在这个瞬息万变的世界里,我为自己能研发出如此经久不衰的工具而感到自豪。保守估计,在这七年的时间里,我和我的团队已经引领了超过千人走向财务自由的道路,不仅让很多人明白了走向财务自由的方法,而且让很多人跟随我们的指导,迈出了走向财富自由的重要一步。其中一些人,甚至在我们的帮助下实现了财务自由的美梦。

在反思这十年乃至一生的轨迹时,我深表谢意。能够将孩子养育成人,在工作上取得一定成就,辅助他人,为社会带来价值,这一切都让我充满感激。

同样令我欣喜的是,我将职业中的财务专长运用到了孩子的教育中。我并没有刻意设计复杂的教学计划,而是在他成长的过程中,偶尔分享一点理财智慧。惊喜的是,这点点滴滴的金融知识竟然将他培养成了一个具有高财商的孩子。

他6岁的时候我开始教他财商知识,以及有钱人和穷人的区别。他选择要做有钱人后,跟着我的指引,养成了先投资后消费的习惯,并开始了他的第一笔投资。7岁的时候,他问我怎样赚钱。我跟他分享了《富爸爸穷爸爸》中的收入四象限后,他决定要创业。到了8岁,他开始了自己第一个创业项目,就是在YouTube上建一个频道,自己做主播,希望能通过这种方式变现。那时的网络经济还没有那么发达,我觉得他能够有这个想法,能够有勇气去实践和尝试,已经非常棒了!

在他10岁那年,他参与了一个青少年创业课程,并在随后的竞赛中荣获亚军。那是他亲自设计T恤,并将其销售、变现的一次尝试。同时,我也引导他接触股票和私募股权投资,让他亲身体会财富增值的过程。在他13岁的时候,我鼓励他开始探索如何在大学毕业时实现财务自由，培养他财务独立的意识。

　　他怀着对未来无限的好奇和热望，构思如何创业而不是朝九晚五地工作。他琢磨着如何在事业上付出较少的劳动，而获得更多的被动收入。当然，并不是说打工不好，那毕竟是我的起点之一，但我对他提前认识到通过劳动换取金钱只能获得主动收入（工作停止，收入中断）的深刻见解表示赞赏。相对于劳动，投资和经商能带来的持续收入——也就是即使在休息时也能持续赚钱的被动收入——对他而言有着更大的吸引力。我为他这种超越年龄的商业思维和财商感到自豪。

　　在培养孩子的过程中，我无意中教会了他很多宝贵的财商概念。我在朋友圈里经常分享我们的日常，这引起了一位朋友的注意。他邀请我为澳门的《捷报》撰写关于亲子和财商的专栏文章。我的专栏文章意外地受到了读者的喜爱，甚至有人联系报社寻找我过往的文章。这个专栏持续了大约一年，后来报社的朋友建议我将这些专栏文章结集成书。我很高兴做这件事，这本书在2023年终于出版了，在澳门的书店和大学图书馆里随处可见。读者们的反馈热烈且正面，他们说这本书简单易懂、实用性强，可以帮助家长建立一个正确的财商和价值观教育系统，并指导他们教授孩子理财。

　　在这本书出版之前，我也有线下的财商课程；书籍出版后，我还开设了线上课程。这不仅帮助了澳门的朋友们，也影响到了全国乃至海外的华人朋友。我为能将我的专业知识运用到孩子身上并且能转化为帮助他人的知识产品感到欣慰。

　　经历了这些岁月的洗礼，我现在对人生的认知是：幸福不是由我们所拥有或不拥有的东西决定的。有时候，即使觉得生活不易，我还是能感受到幸福。我时刻提醒自己，在每一个瞬间都要感到幸福。幸福是意识的结果，而不是拥有物质财富的必然结局。

回首过去，我认识到另一个重要的工作理念是利他主义。这些年，我在财富管理领域的成功，以及在澳门发展了一个几十人的团队，都是因为我始终坚持利他的心态。教练课程重塑了我的价值观，教会了我爱周围的人，并让我尽自己所能贡献力量。这种利他的初心不仅帮助了我，还让我在事业上取得了相对理想的成就。

展望未来的十年，在生活上，我希望继续保持幸福感，保持健康和年轻，让个人财富不断增长；而在工作上，我的目标是服务人数的提升，这不仅代表了财富的增长，更意味着创造更多的社会价值。

十年后的我，当你看到这封信，我希望你还是快乐、轻松和富足的。我对你无尽的爱与祝福将永远陪伴着你。

永远爱你的，现在的雅雅。

| 无 | | | 限 |

幸福是意识的结果，而不是拥有物质财富的必然结局。

| 可 | | | 能 |

如何"降伏其心"?
——女性公益十年心路分享

周红霞

- 珠海高校教师
- 女性公益组织负责人
- 珠海妇女发展研究会会长(提供女性项目合作对接,科技创新类项目招商运营转化服务)

01

序章：释我执，绘心迹

世间独一无二的你我，皆拥有可成书的生命篇章，无论是独特的经历，还是内心世界的深邃探索，都是宝贵的财富。于我，近不惑之年，选择以坦诚之心，剖析过往，即便其如双刃剑般锋利，亦无惧得失之循环。我相信失去或获得是互相的、双向的，皆是命运的双面赠礼。

现以"好事说不坏"的心态，分享我的心路历程。相信每位公益同行者，心中皆藏有一段不凡旅程或有非凡意义的"缘起"故事。或许，并非所有人都能共鸣于我的故事，但若此刻，你的目光偶然驻足于此，便是我们缘分的见证。

作为一个高敏感的人，我将在有限的篇幅里面尽量讲述我的心路历程，尝试捕捉那些高敏感心灵特有的细腻瞬间。它们如同我成长路上的微光，虽微小却令人印象深刻，是我生命中永恒的课题。

满载艰辛与温情的半生，是我"降伏其心"的历程。愿我的故事如微风拂面，能给予你力量，为你的心灵之旅带来一丝光亮与启迪。此篇，旨在汇聚同频的心灵，共话女性与公益的温情篇章。在公益路上，我们携手前行，为妇女儿童发声，传递爱与温暖。如果你是老朋友，也请允许我借此机会，重述那些或许你未曾了解和细听的故事片段。

02
逆境磨砺,心如磐石

一、井边童年,肩扛责任

幼时,父亲远行,母亲病弱,家中重担落在我与弟弟肩上。6岁的我,携4岁幼弟,以稚嫩之躯操持家务,更困难的是需要抬水度日。弟弟比铁桶高不了多少,沉重的铁桶常绊其脚后跟,但我们仍咬牙坚持,田埂崎岖,四季更迭,从半桶水到满桶水,风雨无阻。夕阳下,母子三人遥遥相望,彼此眼中满是疼惜与期盼,泪光中常叹生命和亲情之可贵。邻里相助,虽非常态,却暖人心扉。

二、饭盒之失,共克时艰

学途漫漫,午餐以饭盒为伴。家中贫困之际,唯有米和水下肚,饭菜虽简陋,却不失温情。弟弟偶失饭盒,我俩共餐一器,隐忍不言,彼此扶持,相依成长。儿时梦想,不过一不锈钢饭盒,满载母爱之丰盛午餐,但也成为一种奢望。

三、馒头之甘,医者仁心

母亲生病住院,我与弟守夜相伴,不肯离去。饥寒交迫之际,遇女医生怜恤,赠以医院食堂馒头。那日的馒头,成了我记忆中最美的味道,不仅暖了胃,更暖了心。然馒头虽好,谁又愿意食医院美食呢？仍感恩白衣天使，于我眼中，皆具崇高光辉。

四、日夜祈愿，岁月为誓

童年的记忆，多是家务与辛劳的交织，母亲的病榻前，我日复一日地忙碌服侍。本以为父亲归来后能带来转机，却未料母亲病情反复，几度入院，终至拒收之境。那日清晨，我如常送餐，掀开蚊帐，母亲静默无声，我慌乱摇晃，只见她蓬头垢面、病容憔悴，突睁眼与我对视，眼神空洞，恐怖如斯，惊得我碗落饭洒。最终母女相拥而泣，满是心疼与自责。

夜晚频频失眠，不敢轻易入睡，每当月光皎洁的夜晚，我常跪在院中，向苍穹许下愿望："愿母亲康健，伴我们成长，我愿以岁月为誓，用一生还愿，换母亲和家人安康。"

五、车辆失控，生活重启

父亲的小本生意初启，却突遭意外。父亲为阻止顽童，误操作失控的车辆，一瞬间，车辆撞进一家卖碗碟的瓷器店，锅碗瓢盆不堪一击，如同家庭命运的写照，**"屋漏偏逢连夜雨，厄运专挑苦命人。"** 于是我们变卖家当，借款度日，家贫如洗。全家离开故土，以摆地摊为生，从零开始。住地下室、摆地摊、当菜贩、开小店……每一步都浸透着汗水与希望。母亲常笑言劝慰："家人在，便是晴天。"

03
戒除傲慢，成长反思

我们家从贫困到小康，不过数年光景。物质的丰富，却悄然改变了我们。我和弟弟沉浸在物质的欲望中，忘却了曾经的纯真与梦想。满屋的玩具、衣物、电子产品，物质替代不了心灵的富足。喧嚣与浮躁，遮蔽了亲情的温暖，半夜的麻将声，客栈和KTV的客厅烟雾缭绕，以及无限循环的争吵……

一、外公的教诲，深深的期盼

外公，昔日被乡亲们称颂为"赤脚医仙"。他身为老党员，医术超群、书法飘逸，赢得十里八乡无数敬仰的目光。家贫时外公经常接济我们，感受到近年我们家庭的变化，外公与我细数了父亲和母亲两个家庭风雨兼程的过往，被抄家、被关牛棚、被迫乞讨流浪，他感叹道："人不能忘本，有钱容易飘，头脑易发热，一飘一热，心不在身、魂不附体。没文化、没规划、没德行，有财也守不住。"他眼中满是对我的殷切期望，希望我如从前一样坚韧有理想，鼓励我以学习为舟、以勤奋为舵，跳出这个圈子，去追逐梦想，帮助更多人。

二、精神重创，活成独行侠

人生不会总是一帆风顺的，物质不缺了，却迎来了几次精神重击，连续失去了 3 个深爱我的人。

从阳光少年的他离我而去，到奶奶的中风辞世，再到外公的意外病逝，"树欲静而风不止"，我后悔自己没有花时间认真陪陪他们。我逐渐封闭内心，变得孤僻而倔强。心灵之门缓缓闭合，化作了一团孤傲而坚硬的寒冰。

文字与音乐成了我疗愈自己的方式，树荫下、草丛里、溪流边成了我舔舐伤口的港湾。我远离喧嚣，以独行侠自居，对周遭世界保持着一种清高与不屑。

三、遇见贵人，转折与成长

大学时期，茫然懵懂，被某团队影响，美其名曰自立自强，疯狂追随，散尽学费，精神和学业几乎崩溃。朱教授伸手挽救了我，她的教诲如同灯塔，穿透迷雾，照亮了我前行的道路。"人生的道路虽然漫长，但紧要处常常只有几步"，她带着我参加公益活动，让我在迷茫中找到了方向。在公益活动中我学会了：以感恩之心回馈社会，以奉献之情温暖他人。我跟随老师做公益和教育帮扶，一路学习成长，在公益路上看见众生和照见自己，学会了敬畏生命、敬畏时间。这让我坚定了成为"有思想、有文化、有大爱"之人的信念，让我在成长的道路上不再坚硬和偏执，学会了坚定和从容。

04
坚守信仰，共赴远方

一、岁月沉淀，公益赋能

在时光的织锦上，公益如同那最绚烂的丝线，穿梭于岁月的长廊之中，编织出一幅幅温暖人心的画卷。它不单是行动的轨迹，更是心灵的灯塔，引领着每一个在黑暗中摸索的灵魂，找到属于自己的光芒。当第一缕公益的阳光穿透云层，照亮前行的道路时，我们便踏上了这场寻找信仰、探索生命意义的非凡旅程。

"勿以一年计功微，勿以十载成效浅。"岁月悠悠，公益如炬，照亮前行之路。在公益路上，我们见证了诸多生命的蜕变：孩童因一堂课而梦想启航；女性因参加公益而心灵绽放；难题因关注与努力迎刃而解。在此过程中，我们彼此赋能，共获疗愈与成长，喜悦与成就油然而生，放下执念，拥抱纯粹，于大爱中领悟生命真谛。

"助人自助，爱满人间。"随着公益之光的播洒，众多优秀女性汇聚一堂，共筑公益长城。我们坚守初心，十年磨一剑，吸引各界精英加入。顾问指点迷津，善款汇聚养分，公益之树愈发枝繁叶茂。

二、不忘初心，砥砺前行

护善念，见众生亦见自己。公益之心，诚以待人，无问西东。以行践言，积善成德，心灵得以净化，能量随之提升，常感如有神助。

邀约项目反哺公益,强化组织生命力。本真示人,不内耗、不纠结、不计较得失,"本自具足,无畏一切为我所用;道心相应,无惧一切为他人所用",是福德亦是功德。

信时间之复利,行动力之福祉,信念之力量。 摒弃限制性信念,激发正向能量,化质疑为动力,将"他人之信"转化为"自我践行和实现价值"的旅程,让公益的价值与意义深入人心,惠及每一个参与者与受助者。

三、拥抱变化,共赴未来

面对挑战,勇往直前,坚信难题皆有解,在差异中寻求共融共创,在行动和修炼中彼此赋能。我们不再是孤独的旅者,而是携手并肩的伙伴,在公益的星空中,共同绘制着心中的璀璨星河。这不仅仅是一场关于给予与接受的旅行,更是一次心灵的觉醒与蜕变之旅。回望来时的路,会发现那些曾经遭受的苦难早已化作筋骨和血肉;那些刁难和质疑,已经烟消云散;那些曾经播洒的善意与温暖,已经汇聚成光,照亮了许许多多在黑暗中独行的人。

来吧,与我们携手同行,坚信女性的力量会在新时代绽放光彩。我们不仅关注个人与家庭,更积极投身经济发展与关心社会进步,展现她力量、她担当,共绘新篇章。

愿我们如盛开之花,吸引美好与希望,共勉之!

无限

限

以感恩之心回馈社会,以奉献之情温暖他人。

可

能

边玩边赚：AI 时代的自由人生

Lily千百合

- 畅销书出品人
- 独立投资人
- AI赋能共创者

你是否曾想过,每一个"不可能",其实正是通向"无限可能"的跳板?

我的人生旅程从中国哈尔滨的一个普通家庭起步,逐步走向了真正的自由之路。

01

成长与突破:走向更广阔的世界的探索

我出生在哈尔滨,刚出生不久就得了百日咳,从小体弱多病,对许多药物过敏。记得有一年春节,别的孩子在外面奔跑玩耍,而我却只能依偎在父亲怀里。我羡慕着那些健康的同伴,怀抱着对未来的期盼。父母的爱与鼓励让我相信:知识可以改变命运。我带着这份信念成长,尽管一路磕磕碰碰,却始终保持着对生活的渴望和对健康的追求。

就这样,我走过了童年,步入了大学,走出了家乡,开始探索更广阔的世界。

在追寻健康的过程中,我幸运地遇见了几位自然健康领域的导师。在他们的指导下,我逐渐明白,健康不仅仅指的是身体的强健,更是指身心的和谐平衡。渐渐地,我从健康的追随者转变为自然健康的倡导者,并逐步形成了一套行之有效的健康管理方法。这套方法不仅让我恢复了活力,也帮助许多朋友找到了身心的平衡。

02
启示之旅：哈利法塔上的"不可能"

追求健康，让我拥有了身体的自由；追寻更大的可能，则让我触及了精神的自由。疫情后首次旅行，我选择了迪拜——一座从沙漠中崛起的奇迹之城。初次见到这座城市时，那直插云霄的哈利法塔给我带来了深深的震撼。

在流沙上建楼已属不易，而建成世界最高楼则更显不可思议。然而，迪拜做到了。当飞机缓缓降落，我被这座拔地而起的城市和它的摩天大楼群所震撼。这里无声地宣告着"不可能"已成为可能，而哈利法塔更是这种精神的极致象征。

阳光洒在哈利法塔的玻璃幕墙上，折射出耀眼的光芒。站在塔底仰望，它不仅仅是摩天大楼，更象征着一种不屈不挠的精神。步入其中，我看到迪拜酋长穆罕默德的一句话镌刻在墙上：

"The word impossible is not in leaders' dictionaries. No matter how big the challenges, strong faith, determination, and resolve will overcome them."

"领导者的词典里没有不可能一词。无论挑战有多大，坚定的信念、决心和毅力都能战胜它们。"

电梯快速上升，我的心情也随之高涨。当电梯门在148层缓缓打开时，眼前的景象让我屏住呼吸。波斯湾的碧蓝与沙漠的金黄交相辉映，整个迪拜尽收眼底。我仿佛与哈利法塔融为一体，获得了一种内心深处的激励——一种突破不可能的力量。

03
行动的力量:从"不可能"到"无限可能"

当找到身体和心灵的平衡后,我开始渴望更大层面的突破,这次是向内心真正的自由迈进。回到美国后,哈利法塔带给我的震撼感一直激励着我。我意识到,如果不立即行动,这份启发可能会被日常琐事掩盖。于是我向宇宙发出一个大胆的"订单"——邀请时间管理专家叶武滨老师来美国达拉斯开课。原本这件事在我眼中几乎是不可能发生的,但这次,我选择相信:如果迈出第一步,"不可能"会逐步转化为"可能"。

哈利法塔上的文字让我有所启示——不可能往往是我们思维中的障碍。于是,我联系了叶老师并发出邀请。尽管途中遇到诸多挑战,但令人惊喜的是,课程最终顺利完成,曾经遥不可及的梦想也因此成为现实。

不仅如此,我们还参观了埃隆·马斯克的 SpaceX 星舰基地,亲眼见证了火星探索计划的进展。马斯克的愿景是将人类送上火星,甚至实现星际移民。这个听起来遥远的计划,正一步步成为现实。每一个"不可能"的背后,往往都隐藏着无限的可能性。

04
超级个体:边玩边赚的自由生活

如今,我已开启了边玩边赚的自由人生。我的目标是"百国环球旅居",目前我已走过 33 个国家。在旅途中,我感受到多样的世界和文化的魅力。更重要的是,我学会了如何通过 AI 等数字工具,让自己在享受生活的同时发展好事业。借助 AI,人人都可以成为超级个体。

超级个体不仅是指某一领域的专家,更是指能自主掌控生活、灵活运用 AI 实现效能最大化的人。我不仅是一位超级个体,还致力于帮助更多伙伴迈向自由之路。你也可以像我们一样,利用 AI 实现收入自动化,开启属于你的自由人生。

AI 给我们带来前所未有的灵活性与自由度,让每个人都有机会实现传统社会难以企及的梦想。

边玩边赚的核心在于无论身处何地,只要有网络,就能高效工作。财富自由的关键不仅在于增加主动收入,更在于持续增加被动收入。当被动收入超越日常支出,真正的自由生活便随之而来。这种"睡后收入"模式让我们无须攒够了钱才能开启自由人生。

05
如何成为超级个体

在 AI 时代,成为超级个体并不复杂。通过掌握技术能力和运用自动化工具提升效率,AI 可以成为你通向自由的钥匙。关键在于迈出第一步,并专注以下两大要点:

· 布局被动收入:在边玩边赚的过程中,除了增加主动收入外,还要布局被动收入,让钱为你工作,实现"钱追着你跑"的生活方式。

·打造个人品牌：最值钱的产品其实是你自己。通过展示你的故事和能力，打造独特的个人品牌，吸引志同道合的人，让你的影响力不断扩大，成为一个真正的超级个体。

这两大要点将帮助你在 AI 时代脱颖而出，开启独一无二的超级个体之旅。

06
"不可能"的背后是无限可能

每一个"不可能"都蕴藏着无限的可能。从哈尔滨的病弱少年到站在哈利法塔顶端，我的人生旅程证明了：只要迈出第一步，限制便成了跳板，每个挑战都充满自由的契机。

今天，就是你改变的起点！AI 时代赋予了我们超越一切的力量。它不仅改变了我的人生轨迹，也将助你实现梦想。机会就在眼前，勇敢迈出第一步，开启你的自由人生！

边玩边赚的自由人生，触手可及。如果你也想开启属于自己的自由人生，请扫码联系我，让我们一起探索无限可能！

无

限

每一个"不可能"的背后,往往都隐藏着无限的可能性。

可

能

成长历程：岁月的沉淀与自我重塑

卓 然

- 超级个体IP创业者
- 三一書苑联合创始人、卓然心理与双语创始人
- 《金句之书》推荐官、亲子阅读教练

各位朋友，大家好，我是卓然。在网上，我还有一个名字，叫"卓然书生"。因为我自认为自己是个读书人，也只有"会读书"这点技能，以及"爱读书"这点爱好。书改变了我的人生轨迹，所以我也希望能对社会尽到一个读书人的责任。

朋友们，如果你们有缘看到这些文字，也证明了冥冥中我和大家的缘分，感恩命运让我们相遇。对于女性来说，40 岁是一个重要的转折点，这个年龄的女性，经历了从青涩到成熟的转变。每个人的成长历程不仅包含个人的成长和变化，也反映了社会的进步和文化的变迁。

01

青春的印记：从青涩到成熟

我的故事也许有点跌宕起伏，熟悉我的朋友都说我是"打不死的小强"。从小我就被母亲送去练武术，3 岁开始练习童子功，妈妈希望我可以强身健体，将来也能在这方面有所发展。

可是，命运总爱和人开玩笑，8 岁那年，我的母亲去世，我失去了继续习武的机会，但是有了吃苦耐劳和坚持不懈的能力。命运似乎一直在考验我，16 岁那年，我的父亲也离开了这个世界。我是由奶奶带大的，人们常说，"跟着老人长大的孩子会有一份超出年龄的成熟"，我也一样。所以，在读书的时候，好像只有我很喜欢折腾：利用假期卖报纸，倒腾旧书报，摆地摊，在学校里卖电话卡、卡通信封、信纸，甚至还给爱美的女生定制 T 恤。

这些经历让我在没毕业的时候就开始计划我的工作室。顺理成章地，毕业后我就和同学一起开了设计工作室，也承接一些装修工程，也就是现在说的"小装修公司"。因为我们很实在，从不拿客户的建材佣金，所以生意很红火，也和客户成了好朋友。

02
职业的挑战：平衡工作与家庭

事业发生转变是在我结婚后，自从打算要孩子，我心里就开始为这个孩子规划未来。这也许是"80后"父母的通病，再加上我幼年失去父母，因此我更想给我的孩子全部的爱，为他创造更好的条件。所以，我选择放弃装修设计工作室，去做一份和孩子成长相关的事业，于是，我选择了教育。

当时的我也很迷茫，教育这个领域太宽泛，我不知该从何下手。机缘巧合，我走进了传统文化的队伍，通过学习和熏陶，我对教育有了新的认识。"唯分数论""唯名牌论""唯排名论"让我感受到孩子在未来可能会面对的焦虑与不良竞争，于是我打算做自己的工作室，从自己的最强项英语入手。好在我是学习型的，一直没有把英语丢下，在深入研究少儿英语启蒙以及小学初中英语学习，并探索了市面上大部分教材后，我制定了一套自己独有的体系方案——让孩子们能从零基础快速上手阅读的教学方案。同时，我把中国传统经典加入语言学习中，把英文版《弟子规》、英文版《论语》、英文版唐诗等渗透到日常教学中，让孩子们真正把英文当成一种语言来学，希望孩子们都能拥有世界的眼光与中国心。

在这个过程中，我发现了自己的不足，除了考取教师资格证之外，我还考取了高级家庭教育指导师、亲子关系指导师、国学讲师、对外汉语教师等证书。这也是对我正在做的事业的一份尊重，希望它们能为我未来的路进行加持。也许是因为这份执着，我这份小而美的事业扛过了疫情，挺过了一次次考验。

03

自我认知的深化：内心世界的探索

生活总是充满了无常，疫情的到来让我看到了线下事业的局限。为了追寻线上发展，我熟悉了互联网上的一些商业模式。2020年的夏天，我一个人去了福州，在那里结识了一群在网上创业的文化人、读书人。这群老师几乎都是教育圈或传统文化圈的人，他们也在学习如何把自己的事业放在互联网上经营。也就是在那时，我知道了什么是社群、什么是公域、什么是私域，还有很多以前没接触过的新鲜事物。这让我这个"网络小白"产生了极强的好奇心，也激发了我想再次折腾网上创业的动力。

带着学习成果回家后，我进行了实操练习。因为做得很好，我打造了自己的社群，每天忙于线下上课、在社群讲课。但是很快，我迎来了儿子的"小升初"，因为没有老人帮忙，既要忙工作，又要接送孩子上学，所以我懈怠了线上社群的维护。我不得不感叹生活的无奈，但我也告诉自己要更强大，不能做把自己拴死的事情，要学会让时间有复利回报。因为生命只有一次，时间是最宝贵的。

有了这样的想法，在孩子顺利考上理想的学校后，我有了时间和机会，于是再次考虑要在网上好好打造自己的世界。

我去参加了各种商业课的学习，期间进入了多个平台学习，取得了一些大大小小的成绩。机缘巧合，也感恩命运眷顾，在学习期间，我结识了几位志同道合的小伙伴，她们都是和我一样的妈妈，这让我看到了女性的力量和女性市场的空间。

于是，我们几个小伙伴一起创办了"三一書苑"，自此，我们有了自己的小团队。我们团队涉及的内容有线上线下精品读书会、早起经典诵读陪伴营、少儿英语启蒙营、英文原版书伴读营、少儿思维训练习得营等。未来我们打算拓展合唱团、唱诗班，目的是引领更多妈妈用智慧陪伴孩子成长，并找到自己心中所爱的事业，让自己绽放，让生活更美好。同时，"弘扬传统文化，温暖世道人心"也是我们的初心。

对于超过40岁的女性来说，未来既是梦想的延续，也是现实的挑战。我们有自己的梦想和追求，同时也必须面对现实的约束和困难。在这个过程中，我们学会了如何在梦想与现实之间找到平衡，如何在变化中寻找机遇，如何在挑战中成长。

超过40岁的女性成长历程是一个不断学习、不断成长、不断重塑自我的过程。希望我的故事可以告诉大家：无论年龄如何增长，女性都拥有无限的潜力和可能。我们的经验和智慧、勇气和坚韧、爱和关怀，都是这个世界宝贵的财富。

无

限

无论年龄如何增长,女性都拥有无限的潜力和可能。

可

能

涅槃重生，爱与使命同行

蒋思瑶

- 瑶妃教育主理人
- 女性能量IP导师
- 私人心理顾问

在生命的长河中，每个人都经历着属于自己的波澜起伏。有的人在困境中沉沦，而有的人却能在苦难中崛起，绽放出重生之美。

而我，便是那个历经涅槃之痛，最终找到使命与爱的人。

我本是一个活泼开朗的孩子，然而上学后，压抑和敏感却如影随形。校园霸凌让我的学生时代充满了阴霾，可我依然保持着一颗善良的心。

从幼儿园到中学，妈妈每次带我逛街时，我总会背着书包，里面装着零钱，只为拿给乞丐。即使没有经过有乞丐的地方，我也会绕道去，甚至为了换零钱给老爷爷，不惜去超市。

那时的我虽然不懂生活的苦，却能感受到他人的不易。

姥姥的佛堂是我童年的一个记忆点，每次去姥姥家，我都会主动去佛堂里拜佛，手拿佛珠，有模有样地盘坐着。那时的我或许还不明白信仰的真正含义，但那份宁静与虔诚却在我心中埋下了一颗善良的种子。

上学后，父母不合适的教育方式让我眼神空洞、变得压抑，如同没有灵魂的孩子，但我心中始终有着一股倔强。在报考大学时，我毅然选择逃离家，去重庆念书。在那里，我打开了视野，看到了更多的可能性和美好。我积极参与学生会和社团活动，担任职务，每年都带着奖学金和证书回家。大学毕业后，我本想留在重庆或去其他城市，妈妈却以断绝母女关系相逼，让我不得不回到家乡。

回家后，我开始创业做淘宝电商业务。虽然不开心，但我还想向父母证明自己。我每天只睡三四个小时，全身心地投入店铺经营中。赚过钱，也被骗过，但我内心的那股心力从未让我崩塌。然而，我与妈妈的冲突却越来越严重，这让我无比痛苦。

为了逃离家，我报了瑜伽教练班，每天上午上瑜伽课，下午在楼下美容，晚上才不得已回家。但一次意外，我把腰部弄伤，生理期也出现问题，身体的激素紊乱让我变得很胖，不得不放弃瑜伽。但这次意外却为我种下了知识付费的种子，我加入了很多瑜伽群组，分享瑜伽知识，还收到了红包。

接着，我赶上了微商的时代，开始尝试做微商。凭借努力和机遇，我做得还不错，赚到了人生第一桶金。微商的老师们把我邀请到浙江义乌——微商孵化基地，那时的我只想逃离家，对未来并没有太多规划。但在微商的道路上，我经历了挫败，妈妈的挖苦让我心如刀割，在早上醒来时，我常常发现枕头是湿的。

2016年生日，师兄送我的一本励志书——崔万志老师的《不抱怨，靠自己》，让我号啕大哭。在乐嘉老师的大会上，我认识了他，我的第一个贵人。我解散了微商团队，下定决心去上海，只为跟在乐嘉老师身边进一步学习，传播正能量。我与妈妈进行了深度沟通，虽然她无法理解我，但我知道自己的路必须自己走。

然而，命运再次给了我沉重的一击。乐嘉老师的严厉让我心生委屈，当我看着镜子里肥胖的自己时，才发现自己生病了。去做理疗时，我心情郁结，疲惫感袭来；出去旅游散心回来后，我彻底站不起来了。妈妈带我去医院检查，"肿瘤"二字让我的世界瞬间崩塌。

那段日子，我变得消极，身体疼痛让我黑白颠倒、无法入睡，老家的大夫建议我去大城市做手术。在北京，朋友帮我找关系，最终我幸运地住进了医院。在病房里，我仿佛进入了地狱般的深渊，周围都是恶性肿瘤患者，只有我一个人的肿瘤是良性的。手术前的一天，我写了好多遗言，那一刻，我觉得人各有命。

手术结束后，我的后背缝了 30 多针，疼痛让我无法正常睡觉。但北京那湛蓝的天空，让我感受到了活着的美好。在康复的日子里，每天都是妈妈喂我吃饭，生活不能自理让我感觉自己像一个废物。我把上海的房子租出去，把心爱的猫也送人了。孤立无援的感觉涌上心头，若没有学习性格色彩的老师和同学的陪伴，我不知道自己如何撑过来。

三年的时间，我每天与床度过，抄经、看书、学习、看综艺节目调整自己。我不敢笑、不敢哭，像一个初生的孩子一样慢慢学习着爬、站、坐、走、微笑和拿筷子。

2023 年，我走出来后，却陷入了半年的焦虑，吃不下饭、睡不着觉。一次因为错过公交车，我蹲在马路边上大哭。直到有一天看到寺院招募义工的信息，我的人生才再次发生转变。

在寺院里，师傅的话让我悟到了很多。回来后，我整个人的心态变得松弛，开始经常去做义工。人生没有白走的路。当我第一次苏醒过后，我参与了联合国儿童基金会的每月月捐，加入了韩红的爱心基地，还注册了自己的爱心公益基金。我开始做每日一善，没想到朋友圈的人纷纷响应，和我一起做善事。

2023 年，我做了很多有意义的事。在北京发生自然灾害、甘肃发生地震时，我都捐了款。我还背着家人去了五台山，虽然身体不允许爬山，但我在那里哭了四天回来后，状态更加松弛，我变得不温不火、不急不慢，很少有情绪和躁动，把生活当成一种体验。当我变得松弛后，我奇迹般地瘦了 50 斤。我终于明白，心变了，能量就变了，身体也会随之改变。

现在的我，会把自己的故事分享给身边的人，给他们带来滋养、力量和能量。我在帮助别人的过程中也找到了快乐，尽管有人觉得消耗，有人怀疑人生，但我相信发生的所有事都是好的。经历了疫情，我更加深刻地体会到：这个世界需要多一点爱和理解。

2024年，我和五台山有了更深的缘分，参与了几个项目后，我的人生有了更大的能量和惊喜。我更加滋养自己和身边的人，我希望自己可以继续做一些力所能及的事，给予身边的人爱与温暖。虽然我的精力和能力有限，但我相信：只要心中有爱、善良与坚韧，就能战胜困难，迎来美好的未来。

我30载的人生充满了坎坷与挑战，但正是这些经历让我变得更加坚强。扛得住涅槃之痛，才配得上重生之美。我找到了自己的使命——用善良去温暖这个世界。

2024年，我在北京买了房，有了自己的家，上线了三首原创单曲，参与了书籍创作，与父母关系越来越好，我经常给他们发红包并表达爱意。

我相信，我的故事能够激励更多的人，让世界充满爱与温暖。未来的路还很长，我不知道还会遇到什么困难，但我不再害怕。

因为我知道，只要心中有信念，有善良，有坚韧不拔的精神，就一定能够战胜一切。我将继续用我的爱去感染身边的人，用我的行动去传递正能量，让这个世界变得更加美好。

无　　　　　　　　　　　　限

只要心中有爱、善良与坚韧，就能战胜困难，迎来美好的未来。

可　　　　　　　　　　　　能

写给10年前自己的一封信

龙 妈

- 相随心理研习社创始人
- 中科智域（厦门）人工智能研究院院长
- 知识变现创富教练

致10年前的我：

展信佳！

在我已经销毁的上一封草稿里，我以为我知道你的一切。但当我回忆了许久之后才发现，我知道的只不过是你的冰山一角。你远比我以为的要更珍贵、更神秘。你有很多我原先没有觉察到的宝藏，就像是一座浸泡在黑暗里的图书馆，当我举着一盏灯探寻其中时，我就只能看到眼前的一点点。

或许人生就是这样，我们经历过的每一个瞬间，都是一颗颗珍珠。只有被串起来的那些珠子，才会被我们时常关注。而我想告诉你的第一件事就是：请你不要忘记那些散落的珍珠，它们同样弥足珍贵；只要有机会重见天日，它们同样会熠熠生辉。

我想告诉你的第二件事是：我很好。这不是报喜不报忧的鼓励，因为我确实也吃了很多苦，我根本就不怕你知道。毕竟，你早就相信，吃亏和吃苦，是你从爸爸那里继承的最大的财富和能力。你吃的那些苦，如今都有了回报；你吃的那些亏，根本就不亏——其中有一些已经在收获了，也在沾光了，而还有一些，我暂且还不想兑换，因为我想先攒着，囤个大的！

我想告诉你的第三件事是：遇到你想做的事时，请大胆去尝试，不要害怕走弯路。悄悄告诉你，我回头看过了，那些看起来是弯路的路，分明就是捷径啊！原本以为的弯路，路上见过的风景和长出的本领，我后面都派上了用场，不然我走到后面肯定会捉襟见肘、不知所措。这方面我就不如你，在你之后的日子里，我好几次想要抄近道，结果却摔了跟头，有时候兜兜转转，绕得更远了，更有两次根本就是绕进了死胡同！

不过也没有关系，可能10年后的我回头望去：那几次的兜兜转转和死胡同之旅，或许并非弯路，说不定也是捷径呢！

跟你汇报一些咱们一直在坚持的事吧，我给你助助兴，你给我加加油，咱俩也算扯平了！

在之后这10年里，我虽然也做过别的项目，但一直都在心理学领域里持续耕耘，并且越来越不会抛弃它。虽然我还没有用它挣到非常非常多的钱，但至少生活无忧且足够体面。而且，我已经找到一些窍门儿了，挣的钱只会越来越多，多到可以任由你去投身公益，用你喜欢的方式帮助你想帮助的人，并且小家庭也依然衣食无忧。相信在你后面10年的那个家伙，到时候会给你报喜的。

2014年对你来说是很重要的一年，没记错的话，你生命中的贵人已经出现：狼哥（王友良）让你认识了郭卿老师，郭卿老师让你认识了赵力颖老师……接下来你会陷入一个循环，你生命中的贵人们会一个接一个地出现！我就不"剧透"了，保持一点神秘感。

你要笃信密友五次元理论：一个人的财富和智慧，基本上是与他亲密交往的五个朋友的平均值。你结识的贵人越多，你的财富和智慧也就越多。

悄悄告诉你，这封信之所以能出现在这里，是因为2024年也是很重要的一年——像你正经历的一样，咱们的第二波贵人们正像滚雪球一样接力出现。2024年7月，我认识了海峰老师，让我有机会提前圆了"出书梦"。更神奇的是，虽然有不同的起点，但我现在这波贵人，和你那波贵人竟然重合了很多！原来贵人们和贵人们早就相识；原来高质量的人是成堆聚集和涌现的；原来我早就站在他们中间，只是没有发现……

你我都很幸运，会遇到密度如此大的贵人们，仿佛我们一直都浸泡其中，这些都是咱们的资源和财富。我刚从海峰老师那里学来一句话：对于资源的价值，使用大于占有。你的资源没有激活，就不是你的。答应我，你可一定要把这些贵人激活哟！同时，你也要努力成长，确保自己始终"配得上"他们，尽快跟他们肩并肩。滴水之恩，涌泉相报，你甚至可以赶超他们，再回过头反哺他们。

从事心理服务这些年，我领悟到了心理工作者的三层身份，道与你听，你也可以把它们当作礼物，送给与你相识的有缘人。

第一层身份，咱是芸芸众生的"改命人"。心理咨询师做久了，我发现每个人身上或多或少都有一些"强迫性重复"，同样的跟头反复栽，仿佛陷入"命运的漩涡"，总被命运捉弄。这其实是因为几乎所有人都在重复自己惯常难以觉察的行为模式，这个模式就像程序代码一样，写在我们的操作系统里。所以心理咨询师最常干的事，就是帮助来访者去领悟和觉察，看到自己的模式。觉察是改变的第一步，是制造不同结果的开端，是冲出漩涡的源动力。所以在某种意义上，做咨询就是帮来访者修改程序代码，升级操作系统，那不就是在"改命"吗！因为我的参与，他的命运齿轮有了不一样的转动。

第二层身份，咱是一个"借命人"。每个生命的分量有所不同，所以"有的人重于泰山，有的人轻于鸿毛"。但我觉得，生命的分量应该是由每个人的生命故事承载的，而那些生命故事是个人经验的沉淀，是毕生智慧的结晶。通常来说，每个人靠自己读的万卷书、行的万里路、阅的无数人来成长，所以其沉淀与结晶是很有限的。但我们心理咨询师，不单单是在沉淀自己，还在咨询室里萃取无数来访者的精华：他们怎么陷入困境，又如何摆脱……把他们本就光彩夺目的经历统统萃取出来，充值在我们的生命里。吸取别人的养分，助长自己的生命，这是"以咨询师的权，谋自己的私"，是上天馈赠给咨询师最好的礼物。

第三层身份，咱是一个"渡命人"。我们从之前的来访者那里萃取了无数生命的精华，把它们存放在我们这里。但是我们并不是寻常的容器，而是管道。容器往往是有底的、有边界的，所以容量必然是有限的。无论你这个容器多大，但凡你想占有，你就有了那个"底"，无论你是瓢还是桶，哪怕你是个水库，那终究是有限的。只有河水流经的河道，才能真正拥有整条河流。所以我们应当是管道，因为只有这样，那些生命精华才会统统流经我们。而作为管道的我们，随时可以让其中一部分，通过支流，渡给下游的芸芸众生，渡给后来的来访者们。

我还想告诉你……算了，想说的太多，万一你不想听呢？还是等你回信了，我再讲给你听！读到这里，如果你还想从我这里知道什么，悄悄告诉我。

最后给你一段寄语吧，也是我最近刚从贵人们那里"偷"来的，算是他们和我一起送给你的礼物，相信你会喜欢的：这世界上最大的善，莫过于你活出了绝佳的可能性，并且很多人因你而受益。愿我的出现，是你生命的礼物；愿你的出现，是更多人生命的礼物。

无　　　　　　　　　　　　　　限

觉察是改变的第一步，是制造不同结果的开端，是冲出漩涡的源动力。

可　　　　　　　　　　　　　　能

无限可能

黄　露

- 从事医药营销12年
- 生涯发展咨询师、心理学爱好者
- 超级个体转型践行者

默沙东的创始人乔治·W·默克曾说:"我们应当永远铭记,药物是为人类健康而生产的,不是为追求利润而制造的。只要我们坚守这一信念,利润必随之而来。"

你好呀,我是黄露。2024年6月,公司突发变故,我也被迫离开了职场,结束了12年的职场打工生涯,开始了对未来的探索。如果你正处在职场和生活的迷雾中,或不甘,或迷茫,或焦虑,希望我的故事可以给你一些启发和力量。

填报志愿那一年,我稀里糊涂地选了计算机相关专业。进入大学后,我发现自己压根不喜欢专业课。毕业后,我误打误撞进入了医药行业,这个和我所学的专业八竿子打不着的行业。

非常幸运的是,我加入的第一家外企是有"宇宙大药厂"之称的美国辉瑞。在辉瑞,销售代表不叫"医药代表",而是叫"医学信息沟通专员"。想要留在辉瑞,需要通过中国外商投资企业协会药品研制和开发工作委员会(RDPAC)认证考试。通过努力,我拿了满分。

我所接受的培训,一开始就给我种下了这个职业需要非常专业的观念。

入职一个月内,新人培训除了与产品相关的专业知识和围绕产品的专业拜访技巧外,还有疾病领域的专业知识,并且有三甲医院的医生、教授来给我们讲课。培训结束后两天,人人都要考核过关,包括产品和疾病相关知识考试、科室会幻灯片演讲、拜访实战演练……每次半年会、年会上的workshop(互动研讨会),都免不了有这样的一轮又一轮的轰炸式汇报和培训考核。

每次培训和年会上考核那几天,大家几乎都要熬夜,甚至通宵,因为如果没有通过的话,很可能当场就得收拾行李回家。

你有没有怀疑过自己，不喜欢自己的职业，也不知道是否适合，以及这个方向是否值得自己努力？

我有，而且时不时就会冒出这种想法。

在我的职业生涯中，我也经历了无数次焦虑、怀疑、想要逃离、转行，对未来充满了迷茫，不知道自己到底适合做什么。

医生的高度专业壁垒，使医生在与医药代表沟通交流时天然就存在高位感，是俯视的。有的销售会非常卑微，即使在客情关系和其他利益上面下了很多功夫，仍得不到客户一点尊重，经常被呼来唤去，充当佣人和保姆的角色。

2013年7月被曝出的葛兰素史克事件，让医药代表这个职业进入了大众视野，并为这个职业带来了非常多的负面评价。很长一段时间里，我对自己的自我身份认同感非常低。每当别人问及我是做什么行业的，我都不好意思说自己是医药代表。

但我内心仍然相信，我能为我的客户提供专业上的价值。

大家都知道，医学生的本科学制是五年制，比常规的本科学制多一年，如果想要进入三甲医院的话，门槛是取得博士学位。

学习医学专业领域知识，包括复杂的药理学和药品知识，对于没有医药专业背景的我来说非常吃力。

无数个日夜，我趴在台灯下看医学部提供的疾病知识资料，查阅专业文献，不懂时去跟医生请教和交流。慢慢地，我逐渐掌握了自己负责的产品领域的专业知识，并基本可以和医生交流了。

有一次，我在当地最大的一家三甲医院开科室会，我早早地就到科室的学习室里布置会场、分发资料。

就在这时，科室的一位退休返聘的老主任提前过来了。他顶着已经满头花白的头发，肩上挎着一个白色的帆布包，迈着急促又细碎的步伐走了进来，第一个到会场。

我非常诧异，因为这位老主任是这家医院神经外科的开创者，享受国务院政府特殊津贴，曾获得过王忠诚中国神经外科医师终身成就奖。这样一位大师级专家，竟然是第一个来听我讲课的。我随口问候了一句："主任来这么早呀？"主任笑盈盈地回我："活到老学到老呀。"

科室会后不久，在一个暴晒的午后，这个科室的一位医生给我打电话，说他管床的一位重症患者术后感染，抗生素已经上了一轮又一轮了，感染指标还是降不下来，检验科痰培养结果提示感染了耐万古霉素肠球菌（VRE），问我们的新产品是否能覆盖。

万古霉素在抗生素里被称为"革兰氏阳性菌的最后一道防线"，是治疗耐药性革兰氏阳性菌的金标准。当万古霉素都产生耐药性，它就非常可怕了。

因为我对产品非常熟悉，当年背说明书所流的汗没有白流，我立马就说出了我们新上市产品的抗菌谱是包含这个菌种的，且MIC（最低抑菌浓度）小于0.12。客户当即叫我过去，给他详细说明用法用量和配伍禁忌。当时，产品刚上市，还没有正式进院，医院要打报告临时申购，我拿着资料去层层签字，汗流浃背地跑完了流程，又从商业公司加急调货到医院。第二天早上，那位患者就用上了这个最新的抗生素。

过了两天，我再次去科室的时候，患者家属特意来感谢我，说我们的产品真的是及时雨，是他家人的救命药，医生说再观察两天就可以从重症监护室转入普通病房了。家属眼里有泪花，但充满了欣喜和对生活的希望。

这件事给了我极大的鼓舞，让我觉得我所从事的职业、所做的事情，是对这个社会有价值的。

由于我的业绩一直都比较好，再加上我在团队里是最专业的，在来公司的第四年，由同事推荐，通过层层面试，我成功从销售部转岗到市场部，工作是用市场思维来为销售增长更好地提供支持。

后来，我又去了排名前列的内资药企，在这里，我负责市场部。在跟销售团队开会时，我发现内资药企的销售代表和管理者的学术能力及专业拜访技巧都非常薄弱。他们大多还停留在国内处方药营销的早期阶段——销售驱动，用强客情关系和一些利益绑定，但在产品推广上的专业度远远不够。国内大厂直营团队都如此，何况还有很多中小企业、招商代理制企业、终端代表……这导致外界对医药行业的评分非常妖魔化，认为医药代表就是给医生输送利益的存在，一竿子打死所有医药代表。

这不应该是医药行业的常态，也不应该是医药代表的本质。

早在 2015 年，医药代表这个职业就纳入了《中华人民共和国职业分类大典》，其定义为"代表药品生产企业，从事药品信息传递、沟通、反馈的专业人员"。

改革开放以来，随着中国经济的快速增长，医药市场也进入了黄金时代。20 世纪 90 年代，外资企业进入中国，中国的医药市场逐渐从缺医少药到供给过剩。十几年前，我入行时，医药行业就已进入高速增长的发展期。

有数据显示，2016 年，中国有近 14 亿人口，有 300 万医药代表；美国有 3 亿人口，有 7 万～8 万医药代表；日本有 1 亿人口，有 5 万左右医药代表。有人预估，中国未来的医药代表的人数会减少到35万～50万。

大浪淘沙之后，留下来的都是精英。

随着一轮轮集采，行业政策还会频出，未来只有创新药需要医药代表。想要留在这个行业，就必须让自己顺应趋势，变得更加专业。

外资企业从20世纪90年代就已经进入了市场驱动的发展阶段，花了大量的时间成本和经济成本才建立起完善的培训体系，甚至斥巨资请专业咨询公司来进行内训。但现状是大量内资企业没有机会接受外资企业那种系统性培训，直营的少数头部药企还在做一些内训，但大都非常零碎，无法为销售带来真正的帮助和行为上的改变。

2024年，我从企业出来后，去学习了生涯规划、IP操盘，非常幸运，医药行业的资深商业顾问王法老师也从2024年开始做自媒体。人生的每一步都算数，我们结识于网络，他找到我一起用我们的专业和经验，努力帮助医药代表实现专业化转型，为行业贡献自己的力量。

我们希望，用专业的医药销售培训去赋能企业，让医药行业正本清源，回归行业本质，赢得客户发自内心的尊重。

每次走在医院走廊，看到诊室门口的提示标语"医药代表禁止入内"，即使多年前我已经卸下了医药代表这个身份，但内心依然会隐隐难受，为这个行业感到不平。我们的目标是撕掉那张刺眼的标签，为医药代表的身份正名。医药行业是特殊行业，药品和其他商品不一样，它关乎着人们的生命健康和安全。正如开篇全球医药行业巨头默沙东的创始人乔治·W·默克的那句话一样。

而我想说，拜访客户是为了让更多患者合理用药，而不是为了追求销量；只要我们坚守这一信念，销量必将随之而来。如果每一位医药代表都能做到坚守信念，那就是我们做这件事情真正的意义。

职业生涯不是规划出来的，而是干出来的。正如海峰老师所说："你永远无法赚到行动之外的钱。"

在经历了公司的突发变故后，我来不及伤感、抱怨和"躺平"，就马不停蹄地投入新的事业中。因为我一直都保持着学习的状态，不管是转型生涯发展咨询师、IP操盘手还是培训师，我都是基于长时间对自己的探索和持续的学习精进做出的决定，所以在机会到来的时候，我才能一把抓住，做自己热爱又擅长，还能为社会带来价值的事。

无　　　　　　　　　　　　　　　　限

职业生涯不是规划出来的,而是干出来的。

可　　　　　　　　　　　　　　　　能

致时空彼端的自己：一场梦幻交织的旅程

李　耀

- 多本畅销书合著者
- 中高端客户财务风险管理定制专家
- 保险生态构建领航者

亲爱的自己：

你好！

此刻，我正坐在时光长河之畔，以未来的视角，穿越岁月的洪流，向你——那个正站在保险行业起跑线上，满怀憧憬与忐忑的自己，诉说一段关于成长、梦想与爱的故事。这是一封跨越时空的信，它不仅承载着我对过往的深刻回忆，更寄托了我对未来的无限期许。

回望这十年，我心中涌动的情感难以言表。我深知，当年的你，初入保险行业，面对的是一个既陌生又复杂的领域。那时的你，或许就像一只刚学会飞翔的小鸟，对广阔的天空既充满好奇又感到一丝不安。你站在那个起跑线上，四周是熙熙攘攘的人群，每个人都在为自己的梦想奔跑，而你却显得有些不知所措。

面对客户的质疑、市场的竞争，你或许曾感觉到迷茫，因为自身专业知识的匮乏，你的每一步都走得小心翼翼。你还记得第一次接触保险条款时的情景吗？那些冗长而复杂的文字，像一座座难以逾越的山峰，让你感到无助和挫败。但你没有放弃，而是选择了坚持，因为你相信，只有通过不断的学习和实践，才能逐渐掌握这个行业的精髓。

在某个深夜，当客户的误解和拒绝如冷水般浇来时，你是否也曾有过退缩的念头？那些夜晚，你独自坐在书桌前，翻阅着保险资料，心中充满了困惑和迷茫。但请允许我告诉你：正是这些挑战和困难，如同磨刀石一般，逐渐雕琢出今天的我。它们让你学会了坚持，学会了在逆境中寻找机遇。更重要的是，它们让你明白了保险行业的真谛。

那时的你，或许还不知道，未来的日子里，你将如何在这片保险的天空下，用汗水和智慧书写属于自己的传奇。

01
梦想的启航与现实的挑战

初入保险行业的你，心中满是对未来的憧憬。你渴望通过自己的努力，为客户带来保障和安心。那时的你，或许还不太懂得保险行业的深奥和复杂，但你的热情和真诚，就像一股清新的风，吹进了每一个客户的心田。你记得第一次成功签约时的喜悦吗？那份成就感，如同冬日里的一缕阳光，温暖而明亮，照亮了你前行的道路。

然而，你的保险职业生涯并非一帆风顺。随着时间的推移，你开始接触到更多复杂的案例和难以处理的客户问题。你发现，仅仅依靠热情和真诚是不够的，还需要专业知识和实践经验。于是，你开始更加努力地学习，参加各种培训，阅读专业书籍，不断充实自己的知识储备。

时间过得真快，转眼间，你已经在保险行业中摸爬滚打了两年。这两年的时间里，你经历了许多，也成长了许多。你开始逐渐了解保险产品的种类和特点，学会如何与客户进行有效的沟通和交流。更重要的是，你开始意识到，保险不仅仅是一份职业，更是一份责任和使命。

然而，成长的路上从不缺少风雨。在你从业的第五年，新客户的拓展停滞不前，客户的稀缺让前路如同一片荒芜之地，考验着你的意志与决心。那时的你，因为业绩的压力而倍感焦虑，甚至有过逃离这个行业的想法，想要去国外寻找新的机会。但正是那片荒芜，孕育了最坚韧的生命之树。你，就是那棵树的种子，虽然身处逆境，但内心却充满了对春天的渴望。

02
遇见恩师，点亮梦想

幸运的是，在你最迷茫的时候，命运为你送来了两位贵人——林健老师与海峰老师。他们的出现，如同夜空中最亮的星，照亮了你前行的方向。林健老师让你学会了如何用更广阔的视野去看待这个行业，如何去成为客户生命旅途中不可或缺的保险顾问。他的话语，如同春雨般滋润着你的心田，让你对保险行业有了更深的理解和热爱。

而海峰老师，则是在林健老师的引荐下，走进了你的世界。他不仅在写书出书上给予了你无私的帮助，更在精神上给予了你巨大的支持。在他的鼓励下，你勇敢地迈出了出书的第一步。从 2024 年的 2 月到 11 月，你的文字如同精灵般跳跃在四本书的页面上，每一行、每一字都承载着你的智慧与情感。那是你对世界的温柔告白，也是你对自己梦想的执着追求。

03
整合资源，走出独特道路

如今的你，依然在保险行业中奋斗着。但你已经走出了一条与别人完全不同的道路。在保险行业的摸爬滚打中，你逐渐意识到，当今社会已经不再是单纯拼专业的时代，即使你再专业，也总有比你更专业的人存在。因此，你开始思考如何成为手握各种资源的一方，以便更好地服务客户，实现自己的价值。

从此之后，你在做好保险的同时，开始整合全国各地医院的医疗绿色通道资源。你深知，客户在购买保险时，最关心的就是理赔和服务。于是，你努力与全国各地的医院建立合作关系，为客户提供快速对接专家的服务。这样，当客户遇到健康问题时，就能迅速得到专业的医疗救治。

同时，你还整合了律师资源。你深知，在保险理赔过程中，客户可能会遇到各种法律问题。于是，你与合作的律师团队一起，为客户提供专业的法律咨询服务。如果客户遇到保险理赔被拒赔的情况，你们也能及时为他们提供法律援助，维护他们的合法权益。

除此之外，你还根据客户的需求，提供了各种其他服务，如教育资源对接、旅游资源推荐等。你深知，只有真正站在客户的角度思考问题，才能为他们提供最贴心的服务。这些努力，让你在客户心中树立了更加专业、可靠的形象，也为你事业的发展奠定了坚实的基础。

04

回首过去，展望未来

十年前的你或许还在为没有客户而苦恼，还在为未来的发展方向而迷茫。但我要告诉你的是，那些困难和挑战都是成长的必经之路。

正是它们让你不断学习和进步，让你逐渐掌握了这个行业的精髓和技巧。

如今的你已经站在了一个新的起点上，拥有了丰富的经验和资源。但请不要忘记你的初心和梦想，你要继续用心服务每一个客户，用真诚和热情去传递保险的价值和意义；你要继续整合各种资源，为客户提供更加全面和专业的服务，让他们感受到你的关怀和温暖。

展望未来，我信心满怀。我相信在未来的日子里，我会继续成长和进步，成为更加优秀的自己。我会继续用心服务每一个客户，用心传递保险的价值；我会继续整合各种资源，为客户提供更加全面和专业的服务；我还会继续追逐自己的梦想，不断挑战自己的极限。

而这一切的一切，都离不开十年前的你——那个勇敢、执着、充满梦想的你。感谢你的坚持和努力，让我有了今天的成就和收获。我相信在未来的日子里，我们会一起携手前行，共同创造更加美好的未来。愿你在未来的日子里依然保持那份纯真和热情，依然怀揣着梦想和追求，成为更加优秀的自己。

希望某一天，当我们再次相遇于时空的交汇处时，你能微笑着告诉我："看，我做到了！"

此致

敬礼！

来自未来的你

2024 年 11 月

正是这些挑战和困难，如同磨刀石一般，逐渐雕琢出今天的我。它们让你学会了坚持，学会了在逆境中寻找机遇。

栗掌门的传播使命与个体崛起

栗掌门

- 创始人IP全域陪跑顾问
- 私域裂变发售全案操盘手
- 曾任某互联网公司总经理

我是栗掌门，河北邯郸人，现定居于广西南宁，大学就读于广西民族大学传媒学院，学的是广播电视编导专业。接下来我会讲我与"编导""传媒""传播"的故事，这是一个关于梦想、挑战和无限可能的故事。这个宿命般的故事也把我的传播使命、个体潜力展现得淋漓尽致，也无时无刻不在提醒和告知我，我是"天选"的传播使者。

我的学生时代，充满了挑战与荣耀。在大学学习广播电视编导专业期间，我不仅学到了专业知识，更在实践中锻炼了自己。在校期间，我获得了微电影区级一等奖、征文一等奖、摄影三等奖以及国家励志奖学金，这些荣誉见证了我的成长。我的毕业作品被评为"优秀作品"，作品中的男主角获得"最佳男主角"称号，我又被评为全校为数不多的"奋进之星"，这些成就让我在校园里声名鹊起，被同学们戏称为"传媒一姐"。更重要的是，我慢慢意识到了传媒不仅是艺术，更是传播使命的工具。

我坚信，传媒有着改变世界的力量。而我，愿意成为这股力量的一部分。

毕业后，我直接留在了大学当地的省电视台，开始了我的编导工作生涯。五年的时间里，我策划了182期"吃喝玩乐"电视栏目，采访了超过500位企业家。我的名字曾在全国的电视上，以及广西几千台地铁公交的电视上，一天内轮播多次。这段经历让我深刻理解了作为一个媒体人的担当以及传统媒体的力量，坚定了我要传播正能量，传播好人、好事、好IP的使命。

在电视台工作的每一天，我都面临着新的挑战。我学会了如何将复杂的信息简化；如何通过故事吸引观众的注意力；如何通过镜头语言传达情感……我的每一期节目，都是我对传播使命的一次实践。我希望通过我的编导工作，能够给观众带来启发、带来正能量、带来改变。

除了在电视台的工作外，我还被各大高校、艺术培训机构聘请为传媒主任，带教高三编导艺考生。我顶着压力教学，成功将我的学生输送到中央戏剧学院、湖南大学、四川师范大学、广州大学等名校。我也亲自培养了我的妹妹，最终她考进了四川传媒学院的戏剧影视文学专业。我做的这一切都是为了培养未来的传播者，让他们能够用传媒的力量去影响世界。

在教育的领域，我看到了传媒和传播的另一种力量——教育和启发。

我告诉我的学生们："传媒不仅是一种职业，更是一种责任、一种使命。"我鼓励他们去探索，去创新，去用自己的声音影响世界。我看到了他们的成长，也看到了他们如何一步步成为未来的传播者。

2020年，离开电视媒体后，我进入了一家直播短视频公司。当时因为想锻炼自己的销售能力，所以我就从销售做起，仅用11个月就做到了集团子公司总经理的位置；半年后，更是成了集团连锁总经理，管理全国多个直播基地和分公司。这段经历不仅让我对新媒体的传播有了更深刻的认识，也让我接触和服务了诸多企业创始人。在滚滚洪流中，我感受到：太多的实体企业需要被新媒体的工具传播；太多优秀的企业老板需要被看见。

在这家短视频公司里，我见证了传媒行业的快速变化。我学会了如何适应这些变化，如何利用新的平台和工具去传播信息，让好的企业和创始人IP被看见。我意识到，传媒不仅仅是内容的创造，它还包括了内容的分发和接收。

我致力于优化传播的流程，提高传播的效率，提升传播的声量，以便能够更快、更有效地宣传诸多优秀的企业、创始人以及优秀的个体。

现在，我是栗掌门品牌管理工作室的主理人。我的梦想是一站式打造和培养 1000 名一专多能、有影响力、懂传播、年入百万的超级个体，帮助他们成为强大、有影响力的超级 IP，传播正能量，影响更多人。

创立栗掌门品牌管理工作室，是我传播使命的又一次延伸。我希望能够帮助那些有愿力的企业创始人和优秀的个体，让他们的声音被世界听到。每个人都可以成为超级 IP 并拥有独一无二的影响力，只要他们找到了自己的使命，并且愿意为之努力。

在 2023 年 9 月 10 日至 11 月 9 日的两个月时间里，我踏足祖国 20 个城市，累计出行上万公里，给近 500 位实体老板赋能了新时代流量 IP 的思维和打法。我给大家带去了流量、能量和希望。更重要的是，我激发了大家迭代认知、绽放自己、为自己企业发声的热情。我也在这段经历中再次延伸和践行了我的传播使命。

在这趟旅程中，我与各行各业的企业家交流，分享我的经验，提供我的见解。我看到了他们眼中的火花，看到了他们对未来的期待。我告诉他们："在这个新时代，每个人都可以成为传播者，每个人都可以影响世界，要对未来充满信心。"

除了公域传播外，我在私域裂变发售操盘上也取得了一些耀眼的成绩。比如，在为一位教育工作者筹备公开课时，我一个人就邀约了 2500 多人进群听课；在为一位专注女性成长的老师筹备公开课时，我一个人邀约了 1800 多人进群听课。截至 2024 年 11 月，我已经参加了 21 场裂变发售操盘活动，其中 17 场拿到了个人裂变总冠军，其余几场都是亚军或者季军，这些战绩是我践行传播使命的胜利，是超级个体潜力的胜利。

每一次裂变，每一次对用户的触达，都是一次传播的机会；每一次发售，都是超级个体在影响世界。我通过这些发售活动，不仅帮助了我的客户，也帮助了那些参与其中的人找到了自己的价值和使命。

我提供的超级 IP 陪跑服务包括疗愈你、挖掘你、引爆你、赋能你、打造你、传播你。链接栗掌门，给你提供个体终身成长价值，让我们一起用自媒体的力量，传播企业和个体使命，激发无限可能。

这些服务，是我传播使命的具体实践。我希望通过这些服务，能够帮助个体找到自己的方向，实现自己的价值。我相信，每个人都有潜力成为超级 IP，只要他们愿意去探索、去尝试、去坚持。而我，愿意践行传播使命，努力为大家发声，让他们被看见。

人人都是自媒体，只有发声，才能启动和触发媒体机制，为更多人发声。每个人都有机会成为超级 IP，每个人都有机会实现自己的梦想。

我是一生为爱传播的栗掌门，期待与你一起开启无限可能的未来。

无　　　　　　　　　　　　　　限

人人都是自媒体，只有发声，才能启动和触发媒体机制，为更多人发声。每个人都有机会成为超级IP，每个人都有机会实现自己的梦想。

可　　　　　　　　　　　　　　能

以书为舟,驶向梦想的彼岸

雅 伟

- 名校博士
- 畅销书《读点金句》合著者
- 红英读书会联合发起人

我是一个普通的女孩,出生于一个平凡的家庭。我的父母都是勤勉的上班族,他们没有显赫的背景,也没有广泛的人脉。但正是这样的环境,塑造了我坚韧不拔的性格和自强不息的精神。我深知,要想改变自己的命运,唯有依靠自己的努力。而读书,就是我选择的那条通往梦想的道路。

从我记事起,妈妈的身影总是与书本相伴。她在工作之余,仍不忘充实自己,读书、听课、备考,仿佛永远不知疲倦。在妈妈的熏陶下,我渐渐地爱上了读书。那是一种难以言喻的快乐,是心灵与知识的对话,是自我成长的见证。读书,让我感受到了自律的力量,也让我明白了,只有不断学习,才能不断进步。

01

小学时光:梦想的萌芽

五年级的那个漫长的暑假,我踏上了前往内蒙古的旅程。那是一次与大自然亲密接触、令人心旷神怡的经历。站在一望无际的大草原上,我被那辽阔与壮美的景色深深震撼,仿佛整个世界都在我的脚下展开。那一刻,我感受到了前所未有的自由和畅快。

旅游结束后,我满怀激情地写下了一篇名为《草原,我向往的地方》的作文。我用文字尽情地描绘了草原的壮丽景色和我在那里的所见所感。没想到,这篇作文竟然在第五届"写作杯"全国文学艺术作品大赛中脱颖而出,获得了优秀奖,并且被编入了优秀作品集中。我手捧奖状和作品集,心中涌动着无比的喜悦和自豪。那一刻,我仿佛看到了梦想的种子在我心中悄悄萌芽。它仿佛在告诉我：只要努力追求、勇于表达，就有可能收获意想不到的成果。

02
中学岁月：努力的见证

踏入中学的大门，我深知这将是人生中的一个重要阶段，因此我更加珍惜每一次学习和锻炼的机会。我积极参与学校组织的各项活动，尤其是小记者活动，这让我有机会用文字记录下校园生活的点点滴滴。从采访老师到撰写稿件，每一个环节我都投入极大的热情和努力。正因如此，我被评为了"优秀小记者"，这是对我努力的肯定。

除了小记者活动外，我还积极参加各种征文比赛。在寒假社会实践——"历史的选择"爱国主义教育读书活动中，我认真阅读相关书籍，深入思考，撰写了一篇征文并获得了二等奖。这次经历让我更加坚信：读书不仅能够丰富我们的知识，还能够陶冶情操，提升自我。

此外，在"暑假读一本好书"读后感征文比赛中，我也荣获了二等奖。这些荣誉虽然不算特别耀眼，但对我来说却无比珍贵。它们是我努力的见证，是我不断前行的动力。每一次获奖都让我更加坚定自己的信念，也激励我在未来的道路上继续勇往直前。

03

大学时光：专业的深耕与能力的提升

大学，这个被誉为"人生象牙塔"的地方，成了我人生中一个重要的转折点。在这里，我深知专业知识的重要性，因此我始终保持着对学习的热情和执着，专业成绩一直名列前三。但我也明白，要想在未来的职场中立于不败之地，仅仅掌握专业知识是远远不够的，还需要具备多方面的技能。

于是，我积极提升自己的能力，拓宽自己的视野，不断挑战自我。我深知计算机在现代社会中的重要性，因此我努力学习并考取了计算机二级证书。同时，我也注重提升自己的英语水平，成功通过了英语六级考试。此外，我还考取了普通话二级甲等证书，以及二级公共营养师和三级食品检验工等专业技能证书。

这些证书的获得，不仅是对我学习能力和实践能力的肯定，更为我未来的职业发展奠定了坚实的基础。它们让我更加自信地面对未来的挑战，也让我更加明确了自己的职业方向和目标。在大学这段宝贵的时光里，我不仅深耕了专业知识，更提升了自己的能力，为未来的人生道路铺就了坚实的基石。

04

硕博生涯：学术的探索与成果的收获

迈入硕博阶段，我迎来了人生中的又一重要篇章。这个阶段，我更加专注于学术研究和专业能力的提升，力求在知识的海洋中探索更深、更广的领域。在导师的悉心指导下，我潜心钻研，不断攻克学术难题，以第一作者的身份成功发表了两篇SCI（科学引文索引）论文。这两篇论文的发表，不仅是对我学术能力和研究成果的肯定，更是激励我继续在学术道路上勇往直前的动力。

与此同时，我还有幸参与了妈妈出版的《读出学习力：高分孩子的阅读课》一书的编写工作。在帮助妈妈整理资料、提供素材的过程中，我再次深刻地感受到了读书对于个人成长和命运改变的重要性。书中的许多案例都源自我的亲身经历，这让我更加坚信：读书是改变命运的有效途径。通过读书，我们可以拓宽视野、增长知识、提升自我，从而更好地把握自己的人生。

此后，我又有幸成为畅销书《读点金句》的合著者。这本书的畅销，不仅让我收获了更多的读者粉丝，更让我深刻体会到了知识分享的价值和意义。我更加坚定了自己的信念：读书改变命运。我是读书的受益者，也愿成为读书的传播者，用读书引领更多人改变自己的命运。在硕博生涯中，我不仅收获了学术成果，更收获了成长和信念。这些都将成为我人生中最宝贵的财富。

正如那句深入人心的金句所言："书籍是人类进步的阶梯。"这句话不仅是对知识力量的赞美，更是我人生道路上的指引灯塔。我愿用一生的时间,去攀登这座无尽的阶梯,每一步都踏实地踩在书页之上,追寻那个独属于我,闪耀在远方的梦想。

站在人生的新起点,我回首往昔,心中充满了庆幸与感激。我庆幸自己选择了读书这条充满智慧与启迪的道路,它让我不断成长,不断超越自我。我感激那些在成长道路上给予我无私帮助和支持的人,是他们的陪伴与鼓励,让我更加坚定地走在这条充满希望的道路上。

展望未来,虽然前路漫长且未知,但我坚信,只要我持之以恒,以书为舟、以梦为帆,就一定能够破浪前行,最终抵达那个梦寐以求的彼岸。在那里,我将用我所学的知识,为这个世界贡献自己的力量,让生命之花在梦想的照耀下绽放得更加绚烂。

无　　　　　　　　　　　　　　限

只要努力追求、勇于表达，就有可能收获意想不到的成果。

可　　　　　　　　　　　　　　能

从农村孩子到创业之星

阿 蔡

- 杭州市创业导师
- 创富教练
- 中小学学业规划师

我叫蔡洪峰,大家都亲切地叫我阿蔡。1980 年 1 月 30 日(农历十二月十三),我出生于浙江省宁波市的一个农村——鄞州区横溪镇大岙村。我们家是村里最穷的几户人家之一,我从小吃不饱、穿不暖,瘦得皮包骨头,最喜欢吃的美食是酱油拌饭。但是人穷志不穷,我从小就是喜欢读书。

01
田野之梦,初露锋芒

自幼,我就对知识充满了渴望,书成了我了解外面世界的窗口。小学毕业时我以全乡第二名(当年全乡毕业生超过 500 人)的成绩考入宁波市正始中学。在正始中学苦读六年后,凭借着不懈的努力,我以优异的成绩考入了浙江大学,那是我人生中的第一个转折点。2003 年,当毕业的钟声敲响,我带着满腔的热情和对未来的憧憬,踏入了社会的大门。

02
技术之路,初尝甘苦

毕业后,我投身于计算机系统集成行业,一干就是三年。我经常在省内出差,足迹遍布浙江省各地,跟交换机、路由器等硬件打交道。在这段时间里,我见证了计算机系统集成行业技术的飞速发展,也体验了职场的酸甜苦辣。由于我性格外向喜欢跟人打交道,不喜欢跟机器打交道,毕业三年后我毅然改行,从事商务拓展。这属于市场开拓类业务,简单来说就是跟商家打交道。那时候114百事通很火,大家都说"订房、订票、订餐上114",我就是在114百事通商城工作。2006—2008年,虽然工作稳定,但面对杭州高昂的房价,我感到了前所未有的压力。可是我想,虽然暂时买不起房,但生活还要继续,还不如让自己过得开心一些。我以一种积极的方式应对压力——组织了大量的AA制的吃喝玩乐活动,这些活动不仅丰富了我的生活,也让我的名字在杭州的社交圈内逐渐传开。那时候口碑网、大众点评刚刚发展起来,我在里面发表了很多美食评论,成了业内知名的美食达人。那时候在杭州的100多个餐厅只要报"美食达人阿蔡"的名字就可以享受打折优惠,从此"阿蔡"在杭州美食圈小有名气。

03

转折之际,以房为媒

2009年,我再次看到了买房的希望。彼时我正在从事团购业务,随着团购时代的到来,我的努力与付出开始显现成效。因为之前认识了很多餐厅老板,这些老板坚定地支持我的团购事业,因此我的业绩非常好,在团购圈的名气越来越大,收入也水涨船高。2010年我的月收入突破2万元,这一年我不仅结婚买房,还积累了宝贵的人脉和资源。在事业上我也更上一层楼,先后担任满座网杭州城市经理、美团外卖宁波第一任城市经理、淘点点南京外卖负责人,成了O2O(线上到线下)专家。到了2014年,我的咨询费已经到了每小时3000元。

04
创业启航,梦想成真

时间来到了2016年底,我的人生再次迎来了重大转折。那一年,一个猎头找到我,说杭州滨江有个上市公司想做O2O业务,年薪百万,看到我是O2O专家,想推荐我,问我有没有兴趣。面对百万年薪的诱惑,我当然表示有兴趣。于是猎头推荐我去面试,一路过五关斩六将,我击败了好几个优秀的候选人,被公司选中,收到了offer,结果当我喜滋滋地沉浸在百万年薪的美梦中时,生活给了我一个重重的打击——猎头告诉我,老板看中了一个更年轻的专家。我问猎头:"他多大?"猎头说:"他是1985年的。"我说我看着就像是1985年的(我比较显年轻,看起来会比实际年龄年轻五六岁)。没想到传说中的中年危机会降临到我身上,互联网35岁这个坎我居然迈不过去,那么以后40岁怎么办呢?岂不是找不到工作了。如果再去大厂打工,还是会面临中年危机问题;如果去小公司,公司倒闭概率比较大,与其这样,还不如我自己干。

于是这一次,我决定独立创业,将自己在系统集成、活动策划、商务拓展以及人际交往中积累的经验转化为创业的动力。我深知,在这个信息爆炸的时代,打造个人IP才是王道。于是,我将目光投向了打造个人IP,不断找牛人学习,不断组织活动,不断分享,很快我在业内有了小名气。重要的是我遇到了人生中的贵人李海峰老师,加入了李海峰老师创立的高质量学习圈子。在这个圈子里,我的高I(就是"孔雀型",人见人爱、花见花开)特质发挥到极致,结交了一大帮良师益友。

05

逆势启航,苦尽甘来

在创业的道路上,我从未停止过学习和探索。2020年,我参加了全国核心能力认证师培训,达到创业指导师水平。2021年,我参加了杭州市人力资源和社会保障局主办的SYB(创业准备期)课程讲师培训、网络创业课程讲师培训。2020—2021年,我担任了杭州职业技术学院的创新创业老师,累计教授10个班级,学生达到500人。

除了不断学习外,我还不断地参加比赛。2021年、2022年我连续两年参加杭州市第四届、第五届共创式生涯教育发展课程与项目设计大赛,获得"杭州市共创式生涯教育金牌项目"荣誉,并在2021年12月被评为杭州市创业导师。因为在大学生就业创业服务工作中表现优异,我被评为2022年度杭州市大学生就业创业师友计划"优秀导师"。2023年,我参加第一届"源来好项目"杭州创业陪跑课程大赛,获得优胜奖,并连续在2023年、2024年成为杭州市共创式生涯大赛的督导(辅导参赛的大学老师),因为表现优秀,我还被评为"优秀督导助理"。

这几年除了给大学生做职业规划外,我还给高中生做学业规划,自己也从事中考、高考提分以及小学、初中、高中英语提分项目，帮助了上百个孩子提升了成绩，考入了心仪的学校。从事这样的工作，让我成就感满满。

06

星光璀璨，未来可期

　　从田野间的少年到如今的创业之星，我花了 20 年的时间用自己的经历诠释了什么是真正的奋斗和坚持。我的故事，如同一颗璀璨的星辰，在人生的天空中闪耀着独特的光芒。

无限

限

从田野间的少年到如今的创业之星，我花了20年的时间用自己的经历诠释了什么是真正的奋斗和坚持。

可

能